KB200304

# 시크릿
# 복싱 교본

# 시크릿 복싱 교본

장석훈 지음

좋은땅

## ✦ 프롤로그 ✦

삶은 때때로 무겁게 느껴지고, 지나온 시간의 기억들은 깊은 흔적을 남기며 다가옵니다. 그 속에서도 나는 여전히 눈부시게 빛날 순간을 꿈꾸며 살아가고 있습니다. 세월은 모든 것을 품고 흐른다고 하지만, 그 안에는 시간이 아무리 지나도 지워지지 않는 기억들이 남아 있습니다. 마치 시간을 초월한 것처럼, 마음 깊은 곳에 새겨진 흔적들은 세월의 흐름도 지울 수 없는 존재가 되어, 나의 삶에 깊은 영향을 미치고 있습니다.

어느 날 문득, 그 기억들과 함께 살아가던 나는, 하나의 질문을 던졌습니다. '세월이 지나도 지워지지 않는 기억들, 그리고 매일 마주하는 현실의 고단함을 덜어 낼 방법은 없을까?', 무언가에 온전히 매진하고 싶었던 그 물음은 나를 복싱 체육관의 문 앞에 서게 했고, 그곳에서 나는 매일 매일, 더 나은 내가 되기 위한 열망을 안고 훈련을 시작했습니다. 밥을 먹고 잠을 자는 것보다, 다친 몸을 치료하는 것보다, 훈련하는 시간이 더 소중했고, 즐거웠습니다. 그렇게 하나하나 쌓여 가는 훈련을 통해 나는 복싱의 진정성과 그 깊이에 점점 더 빠져들게 되었습니다.

시간이 흐르고, 나는 복싱 체육관의 관장이 되어 많은 이들에게 복싱을 가르치는 길을 걷게 되었습니다. 그 과정에서 복싱이 나에게 가르쳐 준 수많은 철학적 의미와 그것이 내 몸과 마음에 미친 영향을 되새기며 이 책을 쓰게 되었습니다. 이 책은 단순히 기술적인 교본을 넘어, 복싱을 통해 몸의 한계를 뛰어넘고, 정신을 단련하며, 삶의 고통을 이겨 내는 방법을 깨닫고자 하는 모든 이들에게 전하는 메시지입니다.

이 책이 복싱을 사랑하는 여러분에게 단지 실력 향상을 위한 지침서가 아닌, 삶의 여정에서 마주하는 고난을 이겨 내는 지혜와 인내의 도전이 되기를 바랍니다. 또한, 나를 믿고 따라 준 제자들, 그리고 복싱의 매력에 빠진 모든 분들이 이 책을 통해 한 단계 더 성장할 수 있기를 진심으로 기원합니다.

이 책의 표지를 아름다운 캘리그라피로 써 주신 신근화 님과 본문의 삽화를 그려 주신 한상현 님, 그리고 책의 집필과 출판을 도와주신 모든 분들께 깊은 감사의 마음을 전합니다. 이 책이 여러분의 복싱 여정에 작은 등불이 되어, 그 길을 밝혀 줄 수 있기를 진심으로 바랍니다.

# ◆ 목 차 ◆

제1장

# 복싱
# 기본자세

복싱 기본자세를 배울 때 가장 중요한 것은 자신의 자세를 자주 점검해 보는 것이다. '양발의 발끝 각도가 맞는지?', '팔을 너무 높이 올리거나 내리지는 않았는지?', '턱을 안으로 당겼는지?' 등을 세심하게 살펴봐야 한다.

　올바른 기본자세는 강력한 힘과 빠른 스피드를 발휘할 수 있는 기틀이 되며, 공격과 방어 기술을 수행할 때 각 동작이 더욱 효과적으로 이루어지도록 돕는다. 초보 때는 흔히, 화려하고 멋있어 보이는 공격과 방어 기술을 빠르게 배우고 싶어서 기본자세를 대충 익힌 채로 다음 단계로 넘어가는 경우가 많은데, 이는 모래 위에 성을 짓는 것과 같은 것이다. 이렇게 할 경우 어느 정도 실력이 향상된 뒤에는 더 이상 늘지 않는 한계에 부딪히게 될 것이다. 복싱을 배운 날로부터 3년 차까지는 매년 최소 한 번씩은 처음부터 다시 배운다는 마음으로 되돌아가 기본자세부터 다시 배우고 점검해 보는 것을 추천한다. 이렇게 한다면 복싱 실력은 크게 향상될 것이다.

# 기본자세 서는 법 및 틀리기 쉬운 부분 점검해 보기

① 양발을 어깨너비 또는 어깨너비보다 약간 넓게 벌려 선다.

② 왼발은 고정한 채 오른발만 한 발짝 뒤로 옮긴다.

③ 왼발의 뒤꿈치는 고정한 채 발끝만 오른쪽으로 약간 돌린다.

    (오른쪽으로 약 20도~45도, 발끝만 돌린다)

④ 오른발도 뒤꿈치는 고정한 채 발끝만 오른쪽으로 많이 돌린다.

    (오른쪽으로 약 60도~90도, 발끝만 돌린다)

⑤ 상체와 얼굴은 발을 돌림으로 인해 자연스럽게 오른쪽으로 돌아가게 된다. 이때 시선은 정면을 바라보도록 한다.

⑥ 양팔을 들고 주먹을 쥔다. 오른손은 턱 옆에 두고, 왼손은 앞으로 내밀어 본인의 코나 입 높이 정도까지 들어 올린다. 이때 오른팔은 1자 모양, 왼팔은 사선 모양이 된다.

⑦ 턱을 안으로 당기며, 명치 부분을 조금 굽혀 준다.

⑧ 무릎에 힘을 빼서 약간 구부러진 상태로 만든다.

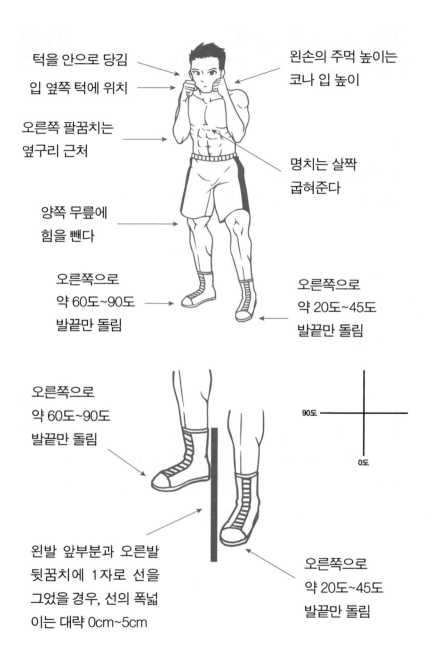

턱을 안으로 당김

입 옆쪽 턱에 위치

오른쪽 팔꿈치는
옆구리 근처

양쪽 무릎에
힘을 뺀다

오른쪽으로
약 60도~90도
발끝만 돌림

왼손의 주먹 높이는
코나 입 높이

명치는 살짝
굽혀준다

오른쪽으로
약 20도~45도
발끝만 돌림

오른쪽으로
약 60도~90도
발끝만 돌림

왼발 앞부분과 오른발
뒷꿈치에 1자로 선을
그었을 경우, 선의 폭넓
이는 대략 0cm~5cm

90도

0도

오른쪽으로
약 20도~45도
발끝만 돌림

① 오른손이 턱 아래로 내려가지 않도록 한다.

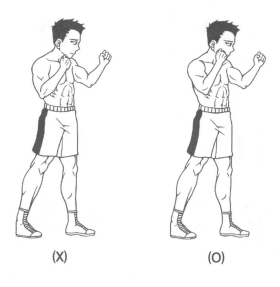

(X)                    (O)

② 정면에서 볼 때 왼손의 손등이 아닌 손날 쪽이 보이도록 한다.

(X)                    (O)

③ 턱을 들지 않도록 한다.

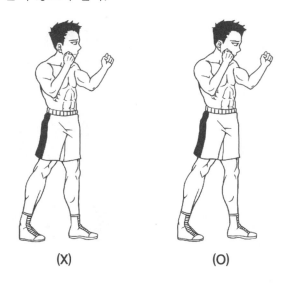

(X)                    (O)

④ 오른발이 너무 왼쪽으로 많이 들어가지 않도록 한다.

(X)                    (O)

시크릿 복싱 교본

# 7가지 기본자세

## 1. 클래식 가드

베이직 가드 또는 트레디셔널 가드라고도 불린다. 복싱에서 가장 기본이 되는 가드로, 우리나라에서는 기본 가드 또는 기본자세라고 부른다. 턱을 안쪽으로 당긴 후 양손을 올리고 앞손은 팔꿈치를 벌려 앞쪽에, 뒷손은 오른쪽 턱과 뺨 근처에 둔다.

이 가드의 장점은 공격과 방어의 밸런스가 가장 안정적이라는 점이며, 주의할 점은 앞손을 너무 높이 들어 시야를 가리지 않도록 해야 한다는 것이다. 공격과 방어에서 안정적인 자세를 유지하기 위해서는 발, 상체, 골반의 옆으로 틀어진 각도가 중요하다.

오른손잡이는 오서독스, 왼손잡이는 사우스포라고 부른다. 가장 일반적이고 많은 사람들이 사용하는 가드 형태이며, 변칙적인 공격이나 방어를 구사하는 상대를 만났을 때는 경기 운영에 어려움을 겪는 경우가 종종 있다. 클래식 가드를 먼저 익힌 후, 다양한 다른 가드들도 배워 보도록 한다.

## 2. 피커부

어린아이 앞에서 얼굴을 가렸다 보여 주는 까꿍 놀이에서 유래되었다. 몸을 정면으로 선 상태에서 양손을 턱에 붙이고, 양팔과 겨드랑이도 최대한 몸쪽에 붙이는 자세이다. 위빙과 더킹을 많이 사용하며, 허리의 힘을 이용한 훅과 어퍼컷 공격이 위력적이다. 커스 다마토가 발명하고 플로이드 패터슨이 프로복싱에 도입하였으며, 마이크 타이슨이 완성시켰다. 특히, 타이슨은 공격 후 습관적으로 허리를 이용해 상체를 좌우로 흔들어 방어력을 더욱 높였으며, 공격할 때도 허리의 힘을 효과적으로 활용하였다.

양발의 발끝과 상체는 정면을 바라보며, 턱을 숙이고 몸을 구부린 상태에서 좌우로 많이 흔들어 주어야 한다. 몸을 흔들다가 위빙 동작으로 연결해 점프하며 날아가듯이 펀치를 날리기도 한다.

이 가드는 키가 작은 선수가 키가 큰 선수를 상대할 때 효과적이며, 허리의 유연성과 강한 체력이 요구된다.

## 3. 필리셸

'필리(Philly)'는 미국 필라델피아 지역을 가리키는 말로, 이 가드는 1900년대 초 필라델피아에 있는 체육관에서 실력 있는 일반 아마추어들에 의해 만들어졌다고 전해진다. 옆으로 기어다니는 게의 모습과 비슷하여 크랩 가드라고도 불린다.

앞손은 내려서 복부 쪽을 방어하고 뒷손은 턱 근처에 두어 얼굴을 보호한다. 얼굴을 방어하기 위해서 어깨를 위로 올리는 숄더롤과 상체를 돌리는 롤링, 뒷손 블로킹 등의 방법을 사용한다.

　몸을 옆으로 돌려 선 자세인 이 가드의 주요 특징 중 하나는 다양한 종류의 잽을 구사할 수 있다는 것이다. 자세의 특성상 앞손의 리치가 길어졌으므로, 잽을 공격과 방어에 적극적으로 활용할 수 있다. 특히 복부 쪽에서 올라가는 플리커 잽은 상대로서는 방어하기가 매우 까다롭다. (※ 플리커 잽 flicker jab : 뱀이 혀를 날름거리는 모양이란 뜻으로, 복부 쪽에서 빠르게 곡선으로 올라가는 잽을 말한다.)

　옆으로 선 자세는 앞뒤로 이동하기 편리하여, 치고 빠지기와 거리 두고 싸우기에 유리하다. 이러한 특성으로 인해 이 가드는 방어 위주의 경기를 하거나 카운터 공격을 선호하는 사람들에게 더 적합하다.

　뛰어난 반사 신경과 빠른 움직임이 요구되며, 상대의 왼손 혹 연타, 안면과 바디를 섞은 연타, 오버핸드 공격, 그리고 페인트 공격을 조심해야 한다.

## 4. 크로스 암 가드

기본 가드보다 조금 더 정면으로 서서 양팔을 가로로 교차시킨 후, 얼굴 근처까지 올린다. 이때 왼손은 아래쪽에, 오른손은 위쪽에 두는 것이 좋다. 얼굴 쪽으로 오는 스트레이트성 공격을 방어하기는 좋으나, 팔의 위치를 높이면 시야가 제한되고 복부 방어가 약해질 수 있으므로 주의해야 한다. 상대의 훅 공격을 팔꿈치로 방어할 수 있으며, 팔꿈치에 부딪힌 상대의 손이나 팔뚝을 다치게 만들기도 한다. 이러한 이유로 훅 공격을 시도하다 팔꿈치 방어에 막힌 상대가 이후 강력한 훅을 날리는 것을 주저하게 되는 경우가 종종 발생한다. 상대에게 접근할 때나 가까이 붙어서 공방을 펼칠 때 사용하면 효과적인 가드이다. 또한, 크로스 암 가드를 사용해 상대에게 접근할 때는 방어 기술인 슬리핑과 보빙을 적극 활용하는 것이 좋다.

## 5. 롱 가드

기본 가드보다 두 팔을 앞으로 더 길게 내민다. 양팔이 앞쪽에 위치하여 방어력은 향상되지만, 공격할 때는 파워가 약해진다는 단점이 있다. 앞손은 공격과 방어를 컨트롤하며, 뒷손은 카운터 공격을 할 때 유용하다.

양팔을 경직된 자세로 고정하지 말고, 힘을 뺀 상태에서 스텝과 함께 위아래로 흔들어 준다. 팔을 자유롭게 흔들며 아웃복서처럼 뛰는 스텝을 섞어 주면 공격과 방어에 더욱더 효과적이다.

팔을 앞으로 길게 내밀고 있으므로 상대가 팔을 패링한 후 공격해 들어오는 것을 주의해야 한다. 또한, 초보자가 롱 가드를 사용하게 되면 팔을 길게 뻗고 있는 자세로 인해 어깨에 부담이 많이 갈 수 있으므로, 기본 가드와 혼합해 사용하는 것이 좋다.

시크릿 복싱 교본

## 6. 크라우치

　기본 가드보다 상체와 다리를 조금 더 구부린 자세이다. 체중이 앞으로 실린 구부린 자세이므로 상대를 스트레이트로 공격할 때 유리하며, 상대의 크게 휘두르는 펀치와 혹을 방어하는 데도 유리하다. 숙인 자세로 인해 다리가 몸의 하중을 많이 받게 되므로, 스텝을 이용한 방어보다는 제자리에서 움직일 수 있는 위빙과 보빙을 활용하는 것이 좋다.

## 7. 제프리스 크라우치

　기본 가드보다 왼팔을 더 앞으로 내밀며, 허리와 다리는 크라우치 자세보다 조금 더 아래로 숙인다. 돌진 후 접근전을 하기에 좋은 이 자세는 상대의 스트레이트와 크게 휘두르는 펀치를 방어하는 데는 유리하지만, 백 스텝이 느려지고 머리 쪽 방어가 약해진다는 단점이 있다.

　세계 헤비급 챔피언이었던 미국 복서 제임스 잭슨 제프리스(James Jackson Jeffries)의 이름을 따서 만들어졌다. 우리나라에서는 고유명사 뒤 소유격 표기에 대한 번역상의 오류로, '제프리 크라우치(Jeffrie's crouch)'라고 잘못 알려져 있다. 올바른 명칭은 '제프리스 크라우치(Jeffries' crouch)'이다.

# 기본자세의 발 위치에 따른 장단점

기본자세를 설 때 두 발을 벌리거나 모으는 등의 조정을 통해 각 방식의 장단점을 효과적으로 활용할 수 있다. 발의 위치에 따른 장단점을 파악한 후, 상황에 맞게 기본자세의 발 위치를 조정하여 자신에게 유리한 방향으로 활용할 수 있어야 한다.

## 1. 일반적인 발의 위치

자세가 안정적이며 공격과 방어 모두에서 밸런스를 유지할 수 있다.

## 2. 오른쪽 다리를 일직선으로 놓는 경우

몸이 옆으로 선 자세가 되므로 앞뒤로 뛰는 스텝이 편리해지고, 길어진 리치로 인해 잽으로 상대를 맞추기도 쉬워진다. 이에 따라 방어력은 향상되지만, 상대의 훅 공격을 맞으면 중심을 잃기 쉽고, 오른손이 상대와 멀어졌기 때문에 오른손 사용에 불편함을 느끼기도 한다.

## 3. 양발의 발끝이 앞쪽을 향한 경우

인파이터들에게 유리한 자세로, 전진할 때 사용하면 효과적이다. 훅을 사용하기는 편리하지만, 스트레이트를 사용하기에는 다소 불편한 점이 있다. 돌진하듯 달려드는 상대에게는 균형을 잃기 쉬우므로 주의해야 하며, 정면으로 오는 공격에 대한 방어 또한 취약하다.

## 4. 다리를 앞뒤로 넓게 벌린 경우

스웨잉을 앞뒤로 길게 할 수 있어 카운터 위주의 공격이 쉬워지고, 상대를 견제하기 좋은 자세이다. 그러나 빠른 이동이 어렵고 키가 작아지며, 오른손 사용이 불편해진다는 단점이 있다.

## 5. 다리를 옆으로 넓게 벌린 경우

혹을 사용하기는 편리하지만, 잽의 길이가 짧아지고 복부 쪽 스트레이트성 공격에 취약하다. 앞쪽으로 전진하기가 편리해 인파이터들이 선호하는 자세이다.

시크릿 복싱 교본

제2장

# 복싱
# 기본 펀치

# 잽

잽은 복싱에서 가장 많이 사용되는 펀치로, 여러 종류의 펀치 중에서도 가장 기본이 되며 중요한 역할을 한다. 잽을 사용하여 상대와의 거리를 가늠할 수 있고, 상대를 코너에 몰아 놓을 수도 있으며, 상대의 공격을 방어하는 1차 저지선으로도 활용할 수 있다. 이처럼 잽의 활용 범위는 매우 넓고 다양하다.

잽을 할 때는 팔의 궤적을 앞쪽으로 뻗어야 한다. 간혹 팔꿈치를 경첩처럼 옆으로 펴면서 왼쪽으로 돌려치듯이 하는 경우가 있는데, 이는 올바른 방법이 아니다. 팔과 주먹을 일직선으로 뻗는 것이 중요하다.

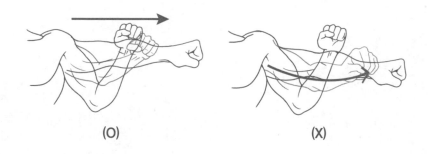

(O)                    (X)

잽을 할 때 습관적으로 어깨를 위로 올리거나 팔을 지나치게 비틀어 팔꿈치 부분이 옆쪽을 향하지 않도록 주의해야 한다. 이러한 행동은 힘과 스피드를 손실시킬 수 있다. 팔에 힘을 많이 주고 싶은 마음에 습관적으로 어깨를 위로 올리면서 뻗으면, 앞쪽으로 전달되어야 할 힘이 위쪽으로 분산되고, 팔꿈치를 지나치게 옆으로 돌리면서 뻗으면, 힘이 왼쪽으로 분산된다. 간혹, 잽을 뻗을 때 상대의 카운터 훅 공격을 방어하기 위해 어깨를 올리기도 하지만, 잽을 뻗을 때의 기본적인 방법은 팔, 팔꿈치, 어깨를 일직선으로 뻗는 것이다.

올바른 모습 (O)

팔꿈치가 많이 돌아가고
어깨가 올라감 (X)

# 스트레이트

우리나라에서는 일반적으로 '투'라고 부르지만, 외국에서는 '크로스(cross)'라는 이름으로 더 많이 불린다. 상체와 허리, 오른쪽 다리를 왼쪽으로 돌리면서 동시에 오른손을 앞으로 곧게 뻗어 공격하는 기술이다.

잽과 같은 직선 펀치로 원거리 공격이 가능하며, 잽이 견제와 방어, 스피드를 중요시하는 반면, 스트레이트는 파워를 중요시한다는 점에서 차이가 있다.

참고로, 우리가 흔히 말하는 스트레이트성 펀치란 잽과 투를 의미한다.

스트레이트를 할 때는 아래의 사항들을 주의해야 한다.

① 오른손 팔꿈치가 완전히 펴져야 한다. 빠르게 회수하기 위해, 또는 습관적으로 팔을 덜 뻗어서는 안 된다.

② 중앙을 타격지점으로 삼아야 한다. 오른손이라고 타격지점이 오른쪽으로 치우쳐져서는 안 된다.

③ 펀치를 뻗을 때 턱을 들지 않도록 한다.

④ 왼손 가드가 내려가지 않도록 한다.

# 훅

팔을 직각으로 구부려 상대의 측면을 타격하는 기술이다. 몸의 회전력을 이용해 힘을 실어 치며, 근거리나 중거리에서 많이 사용하므로 공격하지 않는 다른 손은 항상 가드에 신경 써야 한다.

숙달된 후에는 롱훅을 사용하여 먼 거리에 있는 상대도 타격할 수 있으며, 롱훅을 사용할 때는 가로 훅보다 세로 훅을 더 많이 사용한다. 롱훅은 팔꿈치를 많이 펴서 팔 전체를 길게 뻗어 치는 기술로, 손목을 안쪽으로 꺾어 주어야만 너클파트로 정확히 가격할 수 있다.

**팔꿈치를 펴서
롱훅을 만들 수 있다.**

롱훅은 먼 거리에 있는 상대를 타격할 수 있다는 장점이 있지만, 파워가 떨어진다는 단점도 있다. 이는 훅을 할 때 팔꿈치의 각도가 커질수록 파워가 감소하기 때문이다.

왼손 훅을 할 때, 단타성 공격일 때는 왼발을 돌리며 타격해도 상관없지만, 훅을 연타로 칠 때는 중심이 흔들리는 걸 방지하기 위해 왼발을 돌리지 않는 것이 더 좋다.

**단타성 훅일 때는 왼발을 돌려도 된다.**

바디 훅은 팔을 돌려 후려치듯이 타격하는 방식보다는, 깊게 찔러 넣는다는 느낌으로 밀어 넣듯이 타격하는 방식이 더 큰 대미지를 입힐 수 있다. 이 방식에 대해서는 '바디 공격 방법' 편에서 자세히 다루고, 세로 훅에 관한 내용은 '기본 공격 기술' 편에서 자세히 다루기로 한다.

# 어퍼컷

가까이 있는 상대를 타격하기에 적합하며, 타격할 때는 무릎을 살짝 굽혔다 펴서 무게 중심이 아래에서 위로 옮겨 가게 해야 한다. 위로 올려 치는 팔의 팔뚝 모양은 일직선이 되도록 하는 것이 가장 좋으며, 타격할 때 팔꿈치를 지나치게 안쪽으로 접으면 타격 가능 거리가 너무 짧아지므로 주의해야 한다. 팔꿈치 각도는 60~90도를 유지하고, 주먹은 시야를 가리지 않고, 공격 후 빠르게 방어 자세를 취할 수 있도록 코 높이까지만 올리도록 한다. 훅과 마찬가지로 많은 연습을 통해 롱 어퍼컷을 구사할 수 있으며, 롱 어퍼컷의 팔꿈치 각도는 90도를 넘어간다.

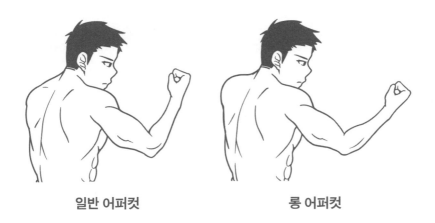

일반 어퍼컷　　　　　　　　롱 어퍼컷

간혹 어퍼컷 연습을 할 때, 자신도 모르게 턱을 들고 연습하는 경우가 있는데, 자신의 턱을 든 상태에서 상대의 턱을 공격하는 연습을 하는 것은 아이러니한 일이다. 따라서 연습할 때는 턱을 안으로 당기는 것에 대해 특별히 신경 쓰도록 한다.

제3장

복싱 파이팅
스타일별 장단점

다양한 복싱 파이팅 스타일의 기술적, 전술적 특성을 이해하고 분석하는 것은 매우 중요하다. 여러 스타일 중에서 자신에게 가장 적합하거나 선호하는 스타일을 선택한 후, 이를 실전에서 효과적으로 활용할 수 있도록 충분한 연습과 연구를 병행해야 한다.

# 스워머

스워머 스타일은 20세기 초에 등장했으며, 로키 마르시아노, 조 프레이저와 같은 선수들에 의해 대중화되었다. 이 스타일의 선수들은 상대의 안쪽으로 파고 들어가기 위해 끊임없이 전진하고 압박한다. 키는 작으나 힘이 좋고 맷집이 강한 사람들이 선호하는 스타일이다. 흔히, 스워머에게는 펀치력이 가장 중요한 요소라고 생각할 수 있지만, 슬리핑과 위빙을 빠르고 적절하게 구사하며 접근할 수 있는 풋워크 능력 또한 펀치력 못지않게 중요한 요소라고 할 수 있다.

대표 선수: 조 프레이저, 훌리오 세자르 차베스, 로베르토 듀란, 마이크 타이슨

# 아웃복서

맞지 않고 이기는 전략을 구사하는 아웃복서 스타일은 복싱에서 가장 매력적인 스타일 중 하나로 평가될 수 있다. 빠른 풋워크와 강한 체력을 바탕으로 주로 원거리에서 공격하며 상대를 압도한다. 또한, 아웃복서 스타일은 빠른 반사 신경과 정확한 타이밍을 읽는 복싱 센스, 그리고 뛰어난 눈과 손의 협응력이 필요하다. 공격과 방어를 스텝에 의존하기 때문에, 일반적으로 상체를 꼿꼿이 세우고 무게 중심을 중앙에 두고 움직이는 경우가 많다. 아웃복서에게 잽은 공격과 방어의 기본이며, 풋워크는 필수이다.

대표 선수: 무하마드 알리, 플로이드 메이웨더 주니어, 데빈 헤이니, 드미트리 비볼

# 슬러거

브롤러(brawler) 또는 펀처(puncher)라고도 불리며, 부족한 풋워크를 펀치 파워로 보완하는 스타일이다. 강한 맷집을 가지고 있으며, 한방에 상대를 쓰러뜨리는 능력이 뛰어나기 때문에 잽보다 훅이나 어퍼컷을 선호한다. 화려한 기교보다는 타고난 힘과 강한 맷집을 가진 사람들에게 적합한 스타일이다.

대표 선수: 조지 포먼, 디온테이 와일더, 장지레이

# 복서 펀처

아웃복서를 뜻하는 복서와 슬러거를 뜻하는 펀처가 합쳐진 말로서, 두 가지 스타일의 장점을 모두 갖춘 복싱 스타일이다. 많은 움직임과 끊임없는 펀치 공격이 필요하므로, 강한 지구력과 파워 있는 펀치가 요구된다. 아웃복서와 슬러거 스타일이 가진 장점보다는 덜하지만, 두 스타일의 단점을 극복할 수 있는 특성을 지니고 있다.

대표 선수: 매니 파퀴아오, 저본타 데이비스, 테렌스 크로포드, 로이 존스 주니어, 바실 로마첸코, 올렉산드르 우식

시크릿 복싱 교본

# 카운터 펀처

상대의 공격을 기다렸다 반격하는 방식을 선호하기 때문에 반사 신경이 좋아야 하며, 상대의 펀치타이밍을 읽을 줄 아는 복싱 센스도 갖추어야 한다. 또한, 카운터 펀처는 상대의 공격을 방어한 후 효과적으로 반격하기 위해 슬리핑, 스웨잉, 더킹 등 반격에 유리한 방어 기술을 능숙하게 구사할 수 있어야 한다. 카운터 공격을 위해 앞뒤로 뛰거나 뒤로 피할 때, 뒷발의 발끝 각도를 90도에 가깝게 옆으로 향하게 하는 경우가 많으며, 간혹, 90도 이상 뒤쪽으로 향하게 하기도 한다. 이렇게 뒷발의 발끝 방향을 옆이나 뒤쪽으로 돌려놓음으로써, 스웨잉과 뒤로 숙이며 피하는 동작이 더 수월해질 수 있다.

필요에 따라 뒷발의 각도를 90도 이상
뒤쪽으로 향하게 조정할 수 있다.

대표 선수: 플로이드 메이웨더 주니어, 로이 존스 주니어, 아치 무어, 후안 마뉴엘 마르케스

# 파이팅 스타일별 상성

'스타일이 싸움을 만든다'라는 말처럼, 각각의 스타일들은 뚜렷한 장단점을 가지고 있다. 이를 효과적으로 활용할 수 있다면, 이것은 마치 가위바위보를 할 때 상대방이 무엇을 낼지 미리 알고 하는 것과 같을 것이다. 우리는 이러한 점을 활용해 상대의 약점을 공략하고 장점을 상쇄시킴으로써 쉽게 승리를 얻을 수 있을 것이다.

> 상성 : 아웃복서 〉슬러거 〉스워머 〉아웃복서

발이 느린 슬러거는 빠른 발과 민첩한 움직임으로 공격해 오는 아웃복서에게 약하고, 아웃복서는 강한 펀치와 끊임없는 압박으로 접근해 오는 스워머에게 약하며, 스워머는 강한 펀치력을 가진 슬러거에게 약하다.

복싱의 승패를 결정짓는 요소는 매우 많고 다양하므로 단순히 상성에 의해서 정해진 대로만 승패가 결정 나지는 않는다. 하지만 스타일별 장단점을 파악하고 그에 맞춰 적절히 대응해 나갈 수 있다면, 이는 매우 유리한 상황이 될 것이다. 우리는 각각의 스타일별 장단점을 파악한 후, 이를 바탕으로 상대를 효과적으로 공략할 수 있는 방법을 찾아야 하며, 다양한 스타일을 구사할 줄도 알아야 한다.

# 제4장

# 풋워크

바실 로마첸코 : "나는 풋워크를 훌륭한 선수가 되기 위한 가장 중
요한 요소 중에 하나라고 생각한다. 풋워크에서
부터 모든 것이 시작된다."


복싱에서는 공격과 방어를 효과적으로 수행하기 위한 필수 조건
이 하나 있는데, 그것은 바로 풋워크를 잘 하는 것이다. 복싱에서 풋
워크는 공격과 방어의 기술 완성도를 높이는 데 중요한 역할을 하
며, 이를 통해 실력을 크게 향상시킬 수 있다. 풋워크의 중요성은 아
무리 강조해도 지나치지 않다.

# 앞뒤로 뛰는 스텝

복싱을 처음 시작할 때는 앞뒤로 점프하며 뛰는 스텝부터 배운다. 초보 때는 다리 근력을 강화하고 무게 중심의 이동을 연습하기 위해 먼저 앞뒤로 뛰는 스텝부터 배우는 것이며, 궁극적으로는 점프해 공격하거나 상대의 공격이 들어왔을 때 뒤로 점프하며 피하는 방법을 익히는 과정인 것이다.

앞뒤로 뛰는 스텝은 멀리 있는 상대를 공격할 수 있다는 장점이 있으나, 몸 전체를 점프시켜야 하므로 체력 소모가 크다. 연습할 때는 양발의 앞뒤 간격과 좌우 폭을 일정하게 유지하며 점프하도록 하며, 복싱 풋워크의 가장 기본이 되는 스텝이므로 많은 연습을 해야 한다.

기본자세에서 이미 몸이 옆으로 돌려져 있으므로, 앞뒤로 뛸 때는 정면이 아닌 왼쪽으로 비스듬히 뛰어야 한다.

**왼쪽으로 비스듬히 뛴다.**

# 앞뒤로 걷는 스텝

앞으로 가기 위해서는 뒷발에 힘을 주어 앞발을 앞으로 한 발짝 이동시키고, 그 뒤에 뒷발을 끌어당기도록 한다. 마찬가지로 뒤로 갈때는 앞발에 힘을 주어 뒷발을 한 발짝 뒤로 이동시키고 그 뒤에 앞발을 끌어당기도록 한다.

상체를 흔들며 한 발씩 걷는 스텝은 프로복싱의 기본이 되는 스텝으로, 공격과 방어의 균형이 잘 잡힌 스텝이다.

### 1. 앞으로 이동

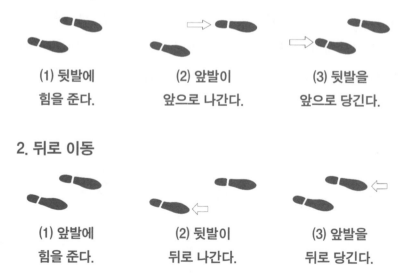

(1) 뒷발에
힘을 준다.

(2) 앞발이
앞으로 나간다.

(3) 뒷발을
앞으로 당긴다.

### 2. 뒤로 이동

(1) 앞발에
힘을 준다.

(2) 뒷발이
뒤로 나간다.

(3) 앞발을
뒤로 당긴다.

# 옆으로 걷는 스텝

옆으로 걷는 스텝은 앞뒤로 걷는 스텝과 마찬가지로 세 가지 단계로 이루어진다. 첫째, 나아가고자 하는 방향의 반대 발에 힘을 주고, 둘째, 그에 따라 나아가고자 하는 방향의 발이 먼저 지면에서 떨어진 후, 셋째, 힘을 주었던 발을 뒤따라오게 만드는 것이다. 이렇게 해야만 스텝을 균형 있고 안정적으로 움직일 수 있다.

## 1. 오른쪽으로 이동

(1) 왼발에
힘을 준다.

(2) 오른발이
옆으로 나간다.

(3) 왼발을
당긴다.

## 2. 왼쪽으로 이동

(1) 오른발에
힘을 준다.

(2) 왼발이
옆으로 나간다.

(3) 오른발을
당긴다.

# 피벗

한쪽 발을 고정한 상태에서 고정했던 발의 뒤꿈치만 들고, 몸의 중심축을 왼쪽이나 오른쪽으로 회전시켜 상대의 공격을 피하거나 몸의 방향을 바꾸는 기술이다. 공격 또는 방어를 위해 몸을 회전시키는 동작이므로, 피벗에서 가장 중요한 요소는 밸런스와 타이밍이다.

피벗은 앞발을 축으로 회전하는 피벗과 뒷발을 축으로 회전하는 피벗으로 나뉜다.

### 1. 앞발을 축으로 하는 피벗

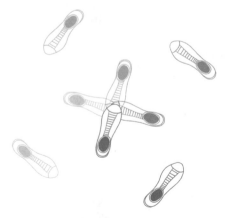

앞발 고정 후, 뒷발을 바닥에 끌며
회전하지 않도록 주의한다.

시크릿 복싱 교본

## 2. 뒷발을 축으로 하는 피벗

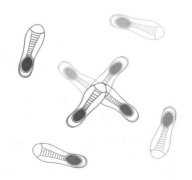

뒷발 고정 후, 앞발을 바닥에 끌며
회전하지 않도록 주의한다.

# 펜듈럼 스텝

　진자(振子) 스텝이라고도 하며, 움직이는 방향에 맞춰 리듬감 있게 체중을 이동시키는 방식이다. (※ 진자는 진동자의 준말로 고정된 축을 중심으로 일정하게 왔다 갔다 하는 즉, 주기 운동을 하는 물체를 말한다.)

　펜듈럼 스텝을 하는 방법은 두 가지가 있다. 첫 번째 방법은 스텝을 뛰며 몸을 앞뒤로 기울일 때, 체중이 실린 쪽 발은 지면에 밀착시키고, 체중이 실리지 않은 반대쪽 발의 뒤꿈치를 들어 올려 다리가 쉴 수 있도록 해 주는 방식이다. 이렇게 하면 두 발을 동시에 점프로 뛰는 스텝과 비슷해 보이지만, 체력 소모는 훨씬 적게 든다. 두 번째 방법은 앞뒤로 뛸 때, 양발의 뒤꿈치를 든 상태에서 무게 중심의 이동만으로 다리를 번갈아 가며 쉬게 해 주는 방식이다. 예를 들면, 몸을 앞으로 기울이면 무게 중심이 앞쪽으로 이동하기 때문에 뒷발이 쉴 수 있고, 몸을 뒤로 기울이면 무게 중심이 뒤쪽으로 이동하기 때문에 앞발이 쉴 수 있는 원리이다. 펜듈럼 스텝은 앞뒤로 바운스를 타는 듯이 움직이므로, 리듬감을 살린 공격과 방어가 가능하고, 상대의 공격이 들어올 때 백 스텝으로 피하기도 쉬워진다. 반면, 체중을 한쪽에 실었다가 다른 쪽으로 옮겨 가며 뛰기 때문에, 스텝을 뛰

는 동안에는 연타 공격력이 떨어지고, 걷는 스텝에 비해 체력 소모
가 더 크다는 단점이 있다.

러시아 복서 드미트리 비볼과 우크라이나 복서 올렉산드르 우식
은 펜듈럼 스텝을 능숙하게 사용하는 선수이다.

## 1. 앞뒤로 뛰는 스텝과 펜듈럼 스텝 비교

| 항 목 | 앞뒤로 뛰는 스텝 | 펜듈럼 스텝 |
|---|---|---|
| 무게 중심 | 가운데 | 움직이는 방향 |
| 상체 위치 | 가운데 | 움직이는 방향 |
| 발 간격 | 고정 | 자유롭다 |
| 체력 소모 | 크다 | 적다 |

펜듈럼 스텝에서 무게 중심과 상체의 위치는 몸이 움직이는 방향
에 따라 이동되며, 앞뒤로 뛰는 스텝보다 상체의 반동이 더 크다. 또
한, 펜듈럼 스텝의 발 간격과 체력 소모는 앞뒤로 뛰는 스텝에 비해
상대적으로 더 자유롭고 적은 편이다.

뒷장 그림 설명 참조 ▶

앞으로 기울일 때는 뒷발의 뒤꿈치가 들리고,
뒤로 기울일 때는 앞발의 뒤꿈치가 들린다.

# 셔플 스텝

셔플(shuffle)의 사전적 의미는 '발을 질질 끌며 걷다', '발을 이리저리 움직이다', '게임을 하기 위해 카드를 섞다' 등 여러 가지로 해석될 수 있다. 복싱에서의 셔플 스텝 역시 다양한 형태로 나타나는데, 예를 들면, 알리의 양발을 빠르게 여러 번 교차시키는 셔플, 타이슨의 오서독스와 사우스포를 번갈아 가며 스탠스를 바꾸는 셔플, 로마첸코의 상대의 사이드로 이동하는 셔플 등이 그것이다. 셔플 스텝은 공격과 방어 모두에서 활용할 수 있으며, 이를 통해 자신의 위치를 유리하게 바꿀 수 있다. 공격할 때는 빠르게 거리와 각도를 변화시켜 상대의 빈틈을 노릴 수 있고, 방어할 때는 거리를 벌리거나 측면으로 이동하여 상대의 공격을 피하거나 반격의 기회를 만들 수 있다.

아래에서는 복싱 셔플의 기본적인 의미와 사이드 셔플에 대해 살펴보도록 한다.

복싱에서 셔플 스텝의 기본적인 의미는 앞으로 이동할 때, 앞발과 뒷발이 서로 맞닿듯이 모아졌다가 미끄러지듯이 다시 앞으로 이동하는 동작을 의미한다. 즉, 뒷발이 앞발 쪽으로 왔을 때, 앞발이 앞으로 나아가는 것이다. 체력 소모가 적고 빠르게 이동할 수 있다는 장점이 있지만, 공중에 떠 있는 듯한 움직임으로 인해 스텝을 하는 동안은 공격이나 수비를 할 수 없다는 단점도 있다.

(1) 기본자세      (2) 뒷발이 앞발의      (3) 앞발이 앞으로
                             뒤꿈치까지 온다.             나간다.

    사이드 셔플 스텝은 먼저 발을 앞쪽으로 내딛고, 그 후 몸을 점프하며 회전시켜 상대의 측면으로 이동하는 것이다. 이 방법을 통해 상대의 공격을 피할 수 있을 뿐만 아니라, 방어를 무력화하고 측면에서 빈틈을 노려 공격할 기회를 만들 수 있다.

## 1. 왼쪽으로 돌 때

①                    ②

① 오른발을 고정한 상태에서 왼발을 왼쪽 대각선 앞으로 내딛는
   동시에 상체를 왼쪽으로 비틀어 준다.
② 비틀어진 허리의 힘을 이용해 왼쪽 대각선 앞으로 몸을 돌리며
   점프한다. 왼쪽으로 몸을 비틀 때, 슬리핑이나 더킹을 하듯이
   몸을 숙이며 비틀어 주면 방어력이 더욱 향상된다.

## 2. 오른쪽으로 돌 때

① ②

① 왼발을 고정한 상태에서 오른발을 오른쪽 대각선 앞으로 내딛
  는 동시에 상체를 오른쪽으로 비틀어 준다.
② 비틀어진 허리의 힘을 이용해 오른쪽 대각선 앞으로 몸을 돌리
  며 점프한다. 오른쪽 대각선 앞으로 발을 내디딜 때, 오른발을
  왼발과 같은 선상까지만 딛는 것이 회전과 이동에 더 편리하다.

다양한 셔플 스텝은 상대가 나의 움직임을 예측하지 못하게 만드
는 훌륭한 수단이 되며, 공격과 방어를 더욱 화려하게 만들어 준다.

시크릿 복싱 교본

# L(엘) 스텝

L-스텝은 접근하는 상대를 피하거나 공격하기 위해 옆으로 이동하여 빈틈을 찾아낼 때 사용한다. 또한, 상대가 옆으로 이동하거나 원을 그리며 돌면서 움직일 때, 그 길목을 차단하는 데에도 사용할 수 있다.

먼저 앞발을 뒤로 당겨 뒷발이 있는 위치까지 옮겨 온 후, 뒷발을 오른쪽 옆으로 옮긴다. 이 상태에서 다시 앞발을 앞으로 내디뎌 기본자세를 만들면 된다.

앞발을 뒷발의 위치까지 옮긴 후, 뒷발을 오른쪽 옆으로 옮길 때는 날아가듯 부드럽게 움직이지 말고, 한 발씩 차례로 스텝을 찍어 준다는 느낌으로 움직여야 한다. 두 발이 공중에 떠 있는 상태로 점프하듯 움직여서는 안 된다.

**뒷장 그림 설명 참조 ▶**

(1) 기본자세

(2) 앞발을 뒤로 당긴다.

(3) 뒷발을 오른쪽
옆으로 옮긴다.

(4) 다시 기본자세를
만든다.

# 스위치 스텝

........................................................................................

양발의 위치를 바꿔 가며 오서독스와 사우스포 자세를 번갈아 가며 사용하는 것을 의미한다. 두 가지 자세에서 나오는 다양한 공격과 방어 기술을 모두 활용할 수 있으나, 이를 위해서는 많은 연습이 필요하다. 걷는 스텝과 점프로 뛰는 스텝 모두에서 양발을 스위치하며 사용할 수 있으며, 스위치 스텝이 숙달되면, 평소 걷는 것처럼 한 발씩 보폭을 크게 걸으며 상대에게 접근하는 용도로도 활용할 수 있다. 이때, 앞으로 내딛는 발 쪽 손을 뻗어 공격을 하기도 한다. 상대에게 접근한 후에는 자연스럽게 바뀐 스탠스 덕분에 혼란을 줄 수 있다.

스위치 스텝은 양발의 위치를 바꾼 후 경기를 풀어 나간다는 점에서, 공격을 위해 일시적으로 빠르게 양발의 위치를 연속으로 바꾸는 셔플 스텝과 차이가 있다.

**뒷장 그림 설명 참조 ▶**

(1) 기본자세

(2) 오른발과 오른손이
함께 나간다.

(3) 왼발과 왼손이
함께 나간다.

(4) 다시 오른발과
오른손이 함께 나간다.

(5) 스탠스가
바뀌었다.

시크릿 복싱 교본

# Z(지) 스텝

지그재그로 전진하며 상대에게 접근하거나, 상대의 공격을 피하기 위해 뒤로 물러날 때도 사용할 수 있다. 몸을 좌우로 흔들며 중심을 이동시키고, 다리가 가는 방향으로 몸을 기울이며 앞으로 나아가면 된다. 이때 상체는 기본자세처럼 옆으로 비스듬히 서지 않고, 왼쪽으로 약간 돌려서 정면을 바라보는 것이 더 좋다.

오른쪽 앞으로 이동할 때, 평소 걷듯이 오른발을 왼발 앞으로 디디면 전진하는 거리가 늘어나고, 오른발을 왼발 뒤쪽으로 디디면 전진하는 폭은 줄어들지만 상체를 좌우로 흔드는 동작은 더욱 민첩해진다.

Z-스텝을 사용할 때는 훅 공격의 파워가 강해지지만, 상대의 잽이나 원투 공격에 대한 방어력은 약해진다.

**발을 딛는 쪽으로 상체를 기울이며 지그재그로 움직인다.**

# 사이드 스텝

한쪽 발을 옆으로 밀어 옆 공간으로 한 발씩 점프하듯이 이동하는 방식과 양발을 한 일 자(一) 형태로 평행하게 벌리고 정면을 향해 선 후, 마치 게가 옆으로 움직이듯이 이동하는 방식이 있다. 상대의 측면으로 이동하는 사이드 셔플 스텝과 혼동하지 않도록 주의해야 한다.

옆 공간으로 한 발씩 점프하듯이 이동하는 방식은, 오른쪽으로 이동할 때는 왼발에 힘을 주어 오른쪽으로 점프하고, 왼쪽으로 이동할 때는 오른발에 힘을 주어 왼쪽으로 점프하면 된다.

또 다른 방식인 양발을 한 일 자(一) 형태로 평행하게 놓고 이동하는 방식은 래터럴 스텝(lateral step)이라고도 하며, 주로 상대에게서 도망칠 때 사용된다. 양발을 평행하게 놓고 정면으로 서서 옆으로 이동할 때는, 두 발의 간격을 일정하게 유지하여 발과 발이 서로 부딪히지 않도록 주의해야 한다. 즉, 발의 안쪽 부분이 서로 부딪혔다 떨어졌다 하는 방식이 아닌, 두 발의 간격을 일정하게 유지하며 움직이는 것이다. 이렇게 해야만 갑작스러운 방향 전환과 중심 잡기가 가능해진다. 숙달되면 상체 페인팅도 함께 사용하여 이동하려는 방향을 속이거나, 정면으로 선 상태에서 상대를 공격한 후 옆으로 빠져나갈 때도 사용할 수 있다.

# 교차 스텝

앞발을 뒤로 당겨 사우스포 자세처럼 앞발이 뒤에, 뒷발이 앞에 있게 만든다. 이때, 뒤로 당겨진 앞발의 뒤꿈치는 든 상태여야 한다. 그런 다음, 위로 점프하며 양발을 원래대로 되돌리기 위해 빠르게 교차시키며 넓게 벌린다. 마지막으로 뒷발을 앞으로 끌어당겨 다시 기본자세를 만들면 된다.

교차 스텝은 몸의 중심을 다시 잡아 줄 때 사용할 수 있다.

(1) 기본자세

(2) 앞발이 뒤로 온다.

(3) 점프하면서
다리를 교차시킨다.

(4) 뒷발을 당겨
기본자세를 만든다.

# V(브이) 스텝

잘 알려지지 않은 V-스텝은 여러 가지 변형이 있지만, 일반적으로 두 가지 방식으로 나눌 수 있다. 첫 번째는 스위치 하듯이 발의 위치를 바꿔 가며 움직이는 것으로, 이때 발의 움직임은 'V' 글자를 쓸 때와 유사한 형태로 움직인다. 예를 들면, 아래 그림처럼 공격을 하거나 상대를 속이기 위한 페인팅 동작을 할 때, 왼발을 앞으로 한 발 내디딘 후, 다시 오른발이 있는 뒤쪽으로 옮기고, 그 뒤에 오른발을 오른쪽 대각선 앞으로 내딛는 방식이다. 발을 앞으로 내디딜 때마다 공격도 함께 할 수 있다. 스위치 스텝과의 차이점은 V-스텝은 잠깐의 공격이나 방어를 위해 발의 위치를 일시적으로 바꾸며, 상대의 옆이나 뒤쪽으로 움직인다는 점이다.

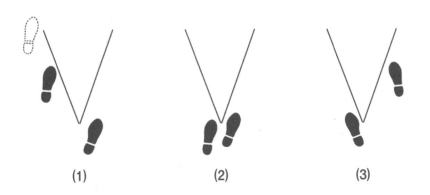

(1)          (2)          (3)

두 번째는 상대에게 공격을 들어간 후, 백 스텝으로 피할 때 반격을 당하지 않기 위해 사선 방향인 옆쪽으로 도망 나오며 'V' 글자가 거꾸로 써진 형태를 만드는 것이다. 백 스텝을 사선 방향으로 나온 뒤에는 상대의 측면이 보이므로, 빈틈이 보일 경우 다시 접근해 공격할 수 있다.

백 스텝을 사선 방향으로 빠져나오는 것이 처음에는 어색하고 몸이 느리게 반응하는 것처럼 느껴질 수 있으나, 이는 연습이 부족해서 그런 것이며, 약간의 연습으로도 빠르게 개선될 수 있으니, 샌드백을 활용해 꾸준히 연습해 보도록 한다.

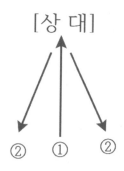

이와 같이 V-스텝은 각도에 변화를 주어 공격과 방어를 효과적으로 할 수 있게 해 준다.

# 풋워크 연습 방법

........................................................................................

① 새도복싱 : 새도복싱은 풋워크 연습에 가장 효과적인 훈련 방법
이다. 풋워크에 집중해 새도를 하기로 마음먹은 후, 앞서 언급
한 12가지 스텝을 모두 연습해 보는 것이 좋다. 음악을 들으며
리듬에 맞춰 스텝을 연습하는 것도 매우 효과적이다.

② 스텝 레더 : 사다리 모양의 훈련 기구로, 민첩성과 스피드를 향
상시킬 수 있으며, 다양한 동작을 통해 재미있게 풋워크를 연습
할 수 있다.

③ 줄넘기 : 풋워크의 가장 기본이 되는 훈련 방법으로, 발을 바꾸
거나 2단 뛰기 등을 통해 몸을 가볍게 만들 수 있다.

④ 더블 앤드 백 : 백의 움직임을 상대의 움직임으로 가정하고 연습
을 진행하도록 한다. 이 연습을 통해 풋워크의 반응 속도를 향상
시킬 수 있다.

⑤ 운동용 콘 : 사이드 스텝과 피벗 등의 연습이 가능하며, 방향 전
환 훈련을 할 수 있다.

⑥ 훈련 파트너 : 사전에 정해진 공격 및 수비 동작에 맞춰 풋워크
연습을 진행하도록 한다. 실전과 유사한 상황 속에서 훈련할
수 있으므로 실력 향상에 큰 도움이 된다.

시크릿 복싱 교본

# 제5장

# 복싱
# 공격 기술

# 기본 공격 기술

.....................................................................................................

"나는 만 가지 발차기를 배운 사람을 두려워하지 않는다. 나는 한 가지 발차기를 만 번 연습한 사람을 두려워한다."라는 이소룡의 말처럼, 기본 공격 기술을 단순히 기본이라는 이유로 가볍게 여기지 않고 만 번을 반복해서 연습한다면, 그것은 본인의 가장 강력한 무기가 될 것이다. 이처럼 기본을 탄탄히 다지는 것은 실력 향상에 있어 그 어떤 특별한 기술이나 전략보다도 더 중요한 것이다.

이번 장에서는 간단하지만, 효과적인 기본 콤비네이션에 대해 배워 보도록 한다.

## · 원투

복싱을 처음 시작할 때 가장 먼저 배우는 콤비네이션으로, 여러 가지 콤비네이션 중에서 가장 기본이 된다. 상대와의 거리가 벌어져 있는 상황에서 길게 뻗는 펀치를 날리는 방식이므로, 초보자들도 비교적 쉽게 실전에서 사용할 수 있다.

원투 콤비네이션의 스피드를 올리기 위한 방법은 여러 가지가 있는데, 그중 가장 간단한 방법은 섀도 연습이나 샌드백을 칠 때 '원'과 '투' 두 글자를 생각하며 차례대로 팔을 뻗지 말고, 머릿속으로 '하'와 '나'를 빠르게 되뇌면서 마치 하나의 동작인 것처럼 팔을 빠르게 연속으로 뻗는 연습을 하는 것이다. '원투'를 두 가지 동작이 아닌 하나의 동작으로 생각하고, 마인드 컨트롤을 하는 방식이다. 이 방법으로 연습하면 원투 스피드가 크게 향상될 수 있다.

아래는 원투 콤비네이션을 할 때에 주의할 점이다.

① '원'을 할 때는 오른손 가드의 위치를, '투'를 할 때는 왼손 가드의 위치를 신경 써야 한다.
② 허리를 앞으로 숙이며 투를 뻗지 않는다.
③ 타격지점을 두 손 다 가운데로 맞춘다.
④ 고개를 들거나 배를 내밀지 않는다.

→ 세로 원투

주먹의 방향을 가로가 아닌 세로로 만든 뒤에 원투를 내는 방식이다.

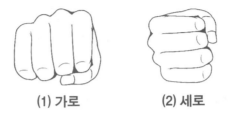

**(1) 가로**　　　　**(2) 세로**

⇒ 세로 원투 사용법

① 세로 원투는 상대의 가드를 뚫고 들어가기 위해 밀어 치는 펀치
　　로 사용하면 효과적이다. 예를 들면, 상대가 11자 가드를 했을
　　때, 가로 원투는 주먹의 가로 길이로 인해 상대의 가드에 막히
　　게 되는 경우가 많으나, 세로 원투는 주먹의 가로 길이가 좁기
　　때문에 상대의 가드 사이를 뚫고 들어갈 수 있다.

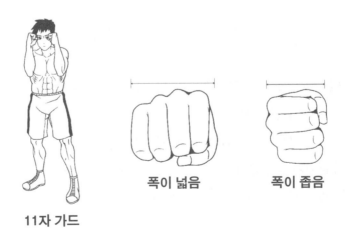

**11자 가드**　　　　**폭이 넓음**　　　　**폭이 좁음**

시크릿 복싱 교본

② 세로 원투는 빠른 스피드가 필요할 때 사용하면 효과적이다. 가로 원투를 할 때처럼 팔과 손목을 돌리는 동작이 필요 없으므로, 가드 상태에서 바로 주먹을 뻗을 수 있다. 그로 인해 빠르게 연속해서 주먹을 뻗을 수 있지만, 가로 원투에 비해 파워가 떨어진다는 단점이 있다.

→ 원투 자세 틀리기 쉬운 부분 점검해 보기

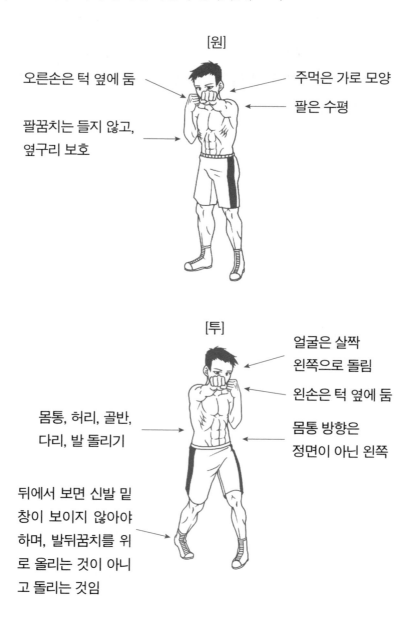

[원]

오른손은 턱 옆에 둠

주먹은 가로 모양

팔은 수평

팔꿈치는 들지 않고,
옆구리 보호

[투]

얼굴은 살짝
왼쪽으로 돌림

왼손은 턱 옆에 둠

몸통, 허리, 골반,
다리, 발 돌리기

몸통 방향은
정면이 아닌 왼쪽

뒤에서 보면 신발 밑
창이 보이지 않아야
하며, 발뒤꿈치를 위
로 올리는 것이 아니
고 돌리는 것임

시크릿 복싱 교본

## · 양훅

양훅은 가장 효과적인 중거리 공격 콤비네이션이다. 왼손 훅과 오른손 훅을 조합하여 사용하는 것으로, 왼손 훅 뒤에 오른손 훅을 하거나 오른손 훅 뒤에 왼손 훅을 하는 방식이다. 이 콤비네이션은 근거리와 중거리에서 모두 사용할 수 있으며, 위빙과 슬리핑을 적절히 섞어 사용하면 방어력이 향상되고, 반동을 이용한 강력한 공격도 가능해진다.

아래는 양훅 콤비네이션을 할 때에 주의할 점이다.

① 상체를 꼿꼿이 펴지 말고 웅크린 상태에서 연속으로 빠르게 펀치를 내야 한다.
② 팔만 휘두르지 말고 몸을 회전시키며 타격해야 한다.
③ 타격하지 않는 주먹은 턱 쪽에 위치시켜 가드를 유지해야 한다.
④ 가드 한 위치에서 주먹을 곧장 출발시켜 타격한다. 주먹을 뒤로 뺐다가 치거나 아래로 내렸다 올리며 치지 않는다.
⑤ 거북목 자세처럼 얼굴을 앞으로 내민 상태에서 주먹을 내지 않는다.

→ 세로 훅

세로 훅은 가로 훅과 달리 주먹의 너클 부분이 위쪽을 향하는 것이 아닌, 몸의 바깥쪽을 향하게 하는 훅을 말한다.

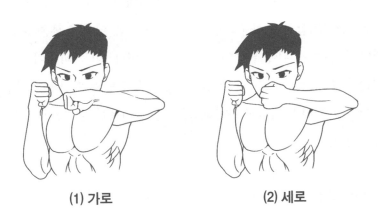

**(1) 가로**　　　　　　　**(2) 세로**

간혹, 유럽식 훅을 가로 훅, 미국식 훅을 세로 훅으로 구분 짓기도 하지만, 기술의 보편화로 인해 이러한 구분은 점차 희미해지고 있다.

⇒ 세로 훅 사용법

① 상대가 멀리 떨어져 있을 때도 쉽게 사용할 수 있다. 먼 거리에 있는 상대를 타격하기 위해서는 팔꿈치를 많이 펴고, 손목을 안쪽으로 꺾은 상태에서 펀치를 내면 된다. 이렇게 해야만 너클 부분으로 상대를 정확히 타격할 수 있다.

② 상대와의 거리를 정확히 파악하고 팔의 각도를 조절하여 손바닥으로 때리는 오픈 블로가 되지 않도록 해야 한다.

③ 세로 훅은 가로 훅에 비해 손목과 엄지손가락 부상을 예방하는
데 더 효과적이다. 반면, 가로 훅은 팔을 위에서 아래로 내려찍
듯이 치는 방식으로도 사용할 수 있으며, 이로 인해 파워 면에
서 세로 훅보다 우위에 있다고 말하기도 한다. 특히, 상대와 밀
착된 상태에서 내려찍듯이 치는 방식이 매우 위력적이다.


## · 잽 왼손 훅


양손을 사용하는 복싱의 특성상, 상대는 왼손 공격이 들어오고 난
뒤에는 오른손 공격이 들어올 것이라고 예상하게 된다. 이 점을 역
이용하여 한 손으로 연타 공격을 한다면, 상대를 더욱 효과적으로
공격할 수 있을 것이다.

상대에게 잽을 뻗은 후, 왼손을 완전히 회수하기 전에 왼손 훅으
로 다시 상대의 오른쪽 안면을 타격하는 것이다. 이때 왼손 훅은 롱
훅을 사용하며, 만약 상대와의 거리가 멀 경우에는 필요에 따라 점
프 훅을 사용할 수도 있다. 잽을 하고 나서 왼손 훅을 할 때에는 몸
을 오른쪽으로 빠르게 회전시켜 왼손 훅의 파워를 더욱 강하게 만들
어야 한다.

## · 어퍼컷 어퍼컷

근접전에서 어퍼컷은 가장 강력하고 효과적인 공격 방법이다. 어느 손을 먼저 사용하든 상관없으며, 한 손 또는 양손으로 어퍼컷을 연속으로 내서 상대에게 큰 대미지를 입힐 수 있다. 어퍼컷을 연속으로 낼 때에는 상대의 턱을 직접 타격하거나, 웅크리고 방어하고 있는 상대의 가드 위를 타격해 몸을 위쪽으로 펴지게 만든 뒤, 다시한번 어퍼컷으로 상대의 턱이나 몸통의 빈틈을 타격할 수 있다.

초근접전에서는 어퍼컷 외의 다른 펀치는 상대의 몸이나 팔에 걸리게 되는 경우가 많으므로, 체중을 실어 주기 위해 무릎을 굽혔다가 펴는 동작을 하면서 어퍼컷을 연속으로 날리는 것이 가장 좋다.

→ 세로 어퍼컷

가로 어퍼컷의 너클 파트 방향은 바깥쪽을 향하지만, 세로 어퍼컷의 경우는 왼손은 왼쪽, 오른손은 오른쪽을 향하게 된다. 세로 원투와 마찬가지로 주먹의 폭이 좁아져 초근접전에서 상대의 가드를 뚫기 위해 사용하면 효과적이다.

왼손 세로 어퍼컷                    오른손 세로 어퍼컷

⇒ 세로 어퍼컷 사용법

① 가로 어퍼컷처럼 팔을 돌리는 동작이 없으므로, 상대를 빠르게
   타격할 수 있다.

② 주먹의 폭이 좁아져 상대의 가드를 뚫고 공격하기는 쉬워지나,
   너클 부분에 정확히 맞추기는 어려운 면이 있다.

③ 몸을 많이 회전시키지 않는 앞손 세로 어퍼컷의 파워는 앞손 가
   로 어퍼컷에 비해 상대적으로 약하다.

④ 초근접전에서는 가로 어퍼컷보다 사용하기가 더 편리하다.


## · 오른손 어퍼컷 왼손 훅


오른손 어퍼컷으로 상대의 턱이나 가드 위를 타격하면, 상대의 무
게 중심은 위쪽으로 올라가게 될 것이다. 그때 빠르게 상대의 얼굴
측면을 훅으로 공격한다면, 이미 무게 중심이 흔들린 상대는 더 큰

대미지를 입게 될 것이다. 이것은 상대를 KO 시킬 가능성이 매우 높은 콤비네이션이다.

다른 방법으로는 오른손 어퍼컷으로 상대의 복부를 타격하여 허리가 굽혀지게 만든 후, 훅으로 상대의 얼굴 측면을 공격하는 것이다. 하지만 이 방식은 상대의 팔에 어퍼컷 공격이 막히는 경우가 종종 발생하며, 어퍼컷으로 턱이나 얼굴을 타격하는 방식보다는 대미지가 약하다.

아래는 오른손 어퍼컷, 왼손 훅 콤비네이션을 할 때에 주의할 점이다.

① 어퍼컷을 할 때는 팔만 사용하지 말고, 무릎을 살짝 굽혔다 펴면서 체중을 실어 주는 것이 중요하다.
② 왼손 훅을 할 때는 몸을 오른쪽으로 빠르게 돌려야 힘을 실을 수 있다.

## · 오른손 오버핸드

오른손을 머리 위에서 반원 모양으로 크게 휘두르는 펀치이다. 오른손 오버핸드 펀치는 매우 강력한 공격력을 가진 펀치로, 주로 두 가지 방식으로 사용된다.

시크릿 복싱 교본

→ 걸어 치는 경우

상대가 잽을 날릴 때 왼쪽으로 피하면서, 상대의 팔 위로 걸어 치 듯이 공격할 수 있다. 이때 상대와의 거리를 고려하여 왼발을 한 발 짝 앞으로 내디디며 걸어 친다면, 리치를 더욱 길게 만들 수 있다. 잽이 나오는 순간 상대의 팔 위로 감아 들어가듯이 걸어 쳐야 하므 로 타이밍을 정확히 맞추는 것이 중요하다.

→ 한 방 펀치로 큰 대미지를 주고자 할 때

상대에게 큰 대미지를 주기 위해 팔을 높이 올려 펀치를 크게 휘 두르는 방식이다. 상대의 눈썹이나 이마 부분을 타격점으로 삼으며, 머리와 몸은 펀치에 체중을 싣기 위해 왼쪽 아래로 기울이고, 허리를 돌린다. 동작이 커지는 만큼 헛쳤을 때는 반격을 당할 위험이 크다.

## · 잽잽투

잽을 낼 때마다 앞으로 한 발씩 나아간 후, 투를 뻗는 방식이다. 이 때의 잽은 상대의 시야를 가리거나 압박을 가하며 반응을 살피는 용도로 쓰인다. 잽을 이용해 상대의 시야를 가린 후, 다음 공격이 어디로 들어올지 모르게 만든 뒤 오른손 투로 공격하는 것이다. 잽을 할 때에는 팔을 약간 위로 올려 상대의 눈을 가리도록 한다.

첫 번째 잽은 기본 잽을 사용하고, 두 번째 잽은 첫 번째 잽을 뒤로 3분의 1 정도만 회수한 뒤 즉시 다시 뻗는 방식이다. 이렇게 해야만 상대의 시야를 가릴 수 있으며, 만약 첫 번째 잽을 뒤로 너무 많이 회수하면 상대의 시야를 가릴 수 없게 된다.

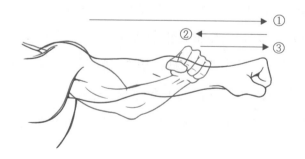

상대를 압박하는 용도로 잽잽투를 사용할 때는 상황에 따라 잽의 횟수를 서너 번까지 늘릴 수도 있다. 그러나 그 이상으로 연속해서 잽을 내는 것은 상대에게 패링 후 반격할 기회를 제공할 수 있으므로 바람직하지 않다.

## · 원투 스웨잉 투

일명 '원투슥빽'이라는 별칭으로 더 많이 알려진 이 동작은 기본 공격인 원투와 방어 동작인 스웨잉, 그리고 카운터 펀치인 투로 이루어져 있다. 스웨잉을 할 때는 허리를 뒤로 젖히는 것이 아니라 옆구리를 이용해 뒤로 젖히는 것이다.

아래는 원투 스웨잉 투를 할 때에 주의할 점이다.

① 스웨잉을 할 때는 뒤쪽 다리의 무릎을 구부리지 않으며, 하체는 고정된 상태를 유지해야 한다. 무릎을 구부려 피하게 되면 한 번의 공격은 피할 수 있으나, 연속적인 공격을 피하고자 몸을 흔드는 것은 어려워진다. 또한, 다른 방어 동작으로의 연계와 카운터를 치기 위한 스웨잉과 투 동작도 느려지게 된다.

시크릿 복싱 교본

(O)                                    (X)

② 허리를 뒤로 젖히지 말고, 옆구리를 이용해 뒤로 기울인다. 즉,
   왼쪽 옆구리는 펴지고 오른쪽 옆구리는 접힌다.

(O)                                    (X)

③ 스웨잉 동작에서 뒤로 젖힐 때는 턱을 들어 올리지 말고 안쪽으로 당기며, 시선은 정면을 응시해야 한다.
④ 마지막 투는 왼쪽으로 슬리핑하며 몸을 숙여 팔을 길게 앞으로 뻗는 것이 좋다.

## · 원투원

이 콤비네이션을 한마디로 표현한다면, '가장 안전한 복싱 공격 콤비네이션'이라고 할 수 있을 것이다. 원투를 한 후, 마지막 원을 할 때는 앞으로 점프하는 동시에 몸을 오른쪽으로 강하게 돌리면서 팔을 길게 뻗도록 한다. 이 콤비네이션의 결정타는 바로 마지막 원이 되는 것이므로, 강하게 뻗어야 한다.

이 콤비네이션의 장점은 아래와 같다.

① 백 스텝으로 도망가는 상대를 쫓아가며 타격하는 데 효과적이다.
② 긴 직선 펀치를 연속해서 세 번이나 내므로, 공격 후에도 상대와의 거리가 멀리 떨어져 있게 된다. 이로 인해 상대에게 반격을 당할 위험이 줄어든다.
③ 멀리 떨어진 상태에서 공격이 끝나기 때문에 상대의 카운터 펀

시크릿 복싱 교본

치를 쉽게 허용하지 않는다.

④ 공격이 '원'으로 끝나기 때문에 필요에 따라서는 다른 펀치를 추가하여 연타 공격으로 이어 나가기가 편리하다.

→ 원투원 콤비네이션의 상황별 사용 방법

① 상대가 가까이 있을 때 : 한 발씩 걸어가면서 펀치를 날리며 타점의 정확도에 중점을 두고 상대의 얼굴 쪽을 겨냥한다. 근거리에서의 원투원은 타격지점을 정확하게 공격할 수 있어서 유용하다.

② 상대가 멀리 있을 때 : 첫 번째 원투를 점프하면서 한 후, 오른손을 회수하는 동시에 다시 점프하면서 마지막 원을 강하게 뻗는다. 원투를 한 후 반박자 쉬고, 마지막 원에 힘을 실어 뻗어주면 임팩트와 파워가 더욱 강해진다. 타격지점의 정확도보다는 파워에 중점을 두도록 한다.

→ 변칙 원투원

원투원 콤비네이션이 상대에게 막힐 경우, 원투 자체를 상대의 얼굴 쪽이 아닌 가슴과 목 사이 부근으로 던져서 상대의 가드가 내려오게 만든다. 그런 다음 마지막 원에 힘을 주어서 비어 있는 얼굴 쪽을 타격하는 것이다.

## · 왼손 바디 훅 왼손 어퍼컷

몸의 오른쪽 복부 위에는 간이 자리 잡고 있다. 간은 다른 장기와 달리 몸속 깊숙한 곳에 있지 않으며, 근막 등에 의해 추가로 보호받지도 못하고, 갈비뼈에 의해서만 보호를 받고 있다. 심지어 그 크기로 인해 전체를 보호받는 것도 아니다. 그러므로 왼손 바디 훅 공격을 잘 활용한다면 상대의 오른쪽 복부에 있는 간 부위를 타격할 수 있을 것이다. 이러한 이유로 왼손 바디 훅을 리버 샷(liver shot)이라고도 부른다.

우선 간 부위를 타격하기 위해 왼손 바디 훅을 상대의 오른쪽 옆구리에 창으로 찌르듯이 밀어 넣는다. 이후 다시 몸을 왼쪽으로 돌려 안면 어퍼컷 공격을 준비한 후, 체중을 실고 파워를 높이기 위해 허리를 약간 뒤로 젖히면서 왼손으로 어퍼컷 공격을 한다. 상대가 바디 쪽에 신경을 쓰게 만든 후, 어퍼컷으로 얼굴을 타격하는 것이다.

바디 훅은 팔과 허리를 돌리며 후려치듯이 타격하는 방식보다 옆구리 속으로 주먹을 깊숙이 밀어 넣는 방식이 더 큰 대미지를 줄 수 있다. 특히, 상체를 뒤로 약간 젖히면서 주먹을 사선 방향으로 아래에서 위로 올려 치듯이 타격한다면, 갈비뼈와 간에 큰 대미지를 입힐 수 있다.

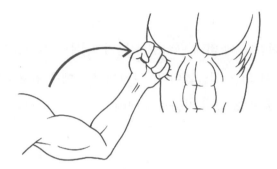

**돌려 치는 방식**

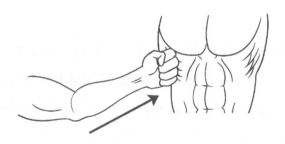

**밀어 넣는 방식**

# 시크릿 공격 기술

기본 공격 기술에 비해 난이도가 높지만, 복싱 실력을 향상시키는 데 큰 도움이 되는 기술들이다. 실전에서도 매우 유용하며, 평소에는 쉽게 배울 수 없었던 기술들에 대해 배워 보도록 한다.

## · 왼손 길게 치기

이 기술은 자신보다 키가 크거나 리치가 긴 상대에게도 효과적으로 사용할 수 있다. 비록 단타성 공격으로 끝나지만, 먼 거리에 있는 상대를 공격할 수 있으며, 상대의 접근을 막을 때도 유용하게 사용할 수 있다. 서로의 거리가 멀리 떨어져 있더라도 상대가 마음을 놓지 못하게 만듦으로써, 상대의 리듬을 뺏을 수 있고 체력을 더 많이 소모하게도 할 수 있다.

왼손 길게 치기는 뒷발을 고정한 상태에서 앞발을 최대한 멀리 앞쪽으로 딛으며, 동시에 앞손을 뻗어 상대를 타격하는 것이다. 이때 리치를 길게 만들고 파워를 높이기 위해, 앞손을 뻗으면서 동시에 몸을 오른쪽으로 많이 돌려 준다. 앞발을 내딛고 앞손을 뻗으면서 몸을 오른쪽으로 돌리는 이 세 가지 동작이 동시에 이루어지는 것이다. 또한, 앞발을 최대한 멀리 앞쪽으로 내디디면 다리가 넓게 벌어져 키가 작아지므로, 앞손을 뻗을 때는 얼굴을 타격하기 위해 비스듬히 위쪽으로 뻗어 주어야 한다. 주의해야 할 점은 공격 후 되돌아올 때 앞발을 바닥에 끌면서 당기지 않아야 한다는 것이다.

왼손 길게 치기 기술을 상대에게 두세 번 사용하고 나면 상대는 이 기술에 대해 의식하게 될 것이다. 이를 역이용하여 자신의 체력을 회복해야 하거나 상대가 접근하는 것을 원치 않을 때, 왼손 길게 치기를 하는 척하며 페인트 동작을 해 주어도 상대의 접근을 막는 데 매우 효과적이다. 심지어 거리가 많이 떨어져 있어도 상대는 긴장을 풀지 못하고 쉽게 접근하지도 못할 것이다.

왼손 길게 치기를 이용해 변칙적인 기습공격을 하는 또 다른 방법
은, 길게 치기를 하기 전에 마치 무언가를 찾는 듯 시선을 아래나 옆
으로 돌리며 두리번거리는 행동을 해서 상대의 주의를 끈 뒤, 갑자
기 팔과 다리를 길게 뻗으며 왼손 길게 치기로 상대를 공격하는 것
이다. 갑자기 주위를 두리번거리듯이 보는 동안 상대는 잠시 주의력
을 잃고 방어를 소홀히 하게 될 것이다.

시선은 다른 곳을 본다.                     갑자기 기습공격 한다.

## · 스매싱 블로

원래는 위에서 아래로 수직으로 내려치는 펀치를 의미하지만, 변

형된 기술로 아래에서 위로 올려 치는 펀치도 포함될 수 있다. 아래에서 위로 올려 치는 변형된 스매싱 블로는 더 파이팅 만화에서 '스매시'라는 기술로 소개된 적이 있다.

강력한 공격 기술인 스매싱 블로는 위에서 아래로 내려치는 동작이므로, 자신보다 키가 작은 상대에게 더 효과적으로 사용될 수 있다. 그러나 키가 큰 상대일지라도 웅크리고 있는 경우에는 머리, 관자놀이 또는 가슴 쪽을 겨냥해 스매싱 블로를 사용할 수 있다.

오버핸드 펀치와의 차이점은 스매싱 블로는 팔의 궤적이 낮고 좀 더 수직으로 위에서 아래로 내려찍듯이 친다는 점이다.

스매싱 블로의 장점은 펀치의 강력함이며, 단점은 기술을 사용하기가 매우 까다롭다는 것이다. 위에서 아래로 수직으로 내려찍듯이 치는 동작이므로, 정확한 자세를 취하지 않으면 상대에게 대미지가 전달되지 않을뿐더러, 기술을 쓰는 자신의 손도 쉽게 다칠 수 있다. 오른손으로 스매싱 블로를 할 때는 몸을 왼쪽으로 숙이듯이 기울이고, 팔을 위에서 아래로 수직으로 내려찍듯이 하거나, 팔을 오른쪽 위에서 왼쪽 아래로 비스듬히 휘둘러서 상대의 측두부나 관자놀이를 내려찍듯이 타격할 수 있다.

오른손 스매싱 블로는 위에서 아래로 내려찍는 원래의 방식대로 사용하는 경우가 많으며, 왼손 스매싱 블로는 아래에서 위로 올려 치는 변형된 방식으로 사용하는 경우가 더 많다.

　이마나 정수리 부근을 타격할 때는 팔의 궤적을 높게 하고, 측두부나 가슴 쪽을 타격할 때는 팔의 궤적을 낮게 하면 된다. 상대의 머리 부분을 타격할 때는 자신의 손가락도 쉽게 다칠 수 있으므로 주의해야 한다.

　위에서 아래로 내려치는 펀치이기 때문에, 만약 빗나갔을 때는 가드가 제대로 되지 않는다는 단점이 있다. 이럴 때는 백 스텝으로 위기를 모면하거나, 오른손 스매싱 블로 후 왼손 어퍼컷을 추가로 날려 콤비네이션 펀치로 만들어 내는 것이 좋다. 또한 상대가 시합 중에 스매싱 블로에 맞게 되면 머리 쪽을 보호하기 위해 가드를 평소보다 높게 올릴 것이므로, 이때 스매싱 블로를 하는 척하며 바디 쪽을 공격하는 것도 효과적인 방법이 될 수 있다.

## · 앵커 펀치

    팔을 위로 들지 않은 상태에서 반원을 그리며 아래로 내려치는 펀치를 의미한다. (※ 앵커 anchor : 닻을 내리다, 고정시키다.)

    팔을 뻗을 때 반원을 그리며 밑으로 내려찍듯이 타격하는 방식이다. 너클 파트로 타격하기 위해 타격지점에 닿을 때쯤엔 손목을 아래로 꺾어 주어야 한다. 상대의 턱, 얼굴, 가슴을 타격할 수 있으며, 타격할 때는 타이밍과 스피드에 중점을 두어야 한다. 앵커 펀치의 파워를 높이기 위해서는 왼손으로 칠 때는 몸을 오른쪽으로, 오른손으로 칠 때는 몸을 왼쪽으로 돌리면서 쳐야 한다.

    스매싱 블로와의 차이점은 타격을 할 때 팔을 높이 올렸다가 내리면서 치지 않는다는 것이다. 대신, 원래의 가드 위치에서 팔을 뻗으며 반원을 그리듯 아래로 내려찍듯이 타격해야 한다.

사우스포를 상대할 때, 상대의 앞손이 나오는 순간 자신의 왼손 앵커 펀치를 사용하여 상대의 오른쪽 턱을 내려찍듯이 타격할 수도 있다. 비스듬히 왼쪽 앞으로 점프하며 타격하면 더욱더 효과적이다.

## · 졸트 펀치

템프시롤 기술로 잘 알려진 잭 뎀프시는 그의 저서 '챔피언십 파이팅(Championship Fighting)'에서 몸을 아래로 떨어뜨리는 폴링(falling) 스텝을 강조했는데, 이는 졸트 펀치를 실행할 때 가장 중요한 요소로, 이를 통해 훨씬 더 강력한 파워를 얻을 수 있다.

졸트 펀치는 온몸의 체중을 실어 치는 KO 펀치 또는 상대를 KO 시키기 위해 옆구리를 많이 벌리지 않은 상태에서 짧고 날카롭게 치는 펀치를 의미한다. 이는 오른손 졸트 펀치를 의미하는 것이며, 왼손 졸트 펀치는 팔을 뻗는 방식이 조금 다르다. (※ 졸트 jolt : 갑자기 거칠게 움직이다, 충격을 주다.)

왼손 졸트 펀치에서 가장 중요한 것은 폴링(falling) 스텝이다. 폴링 스텝을 하기 위해서는 우선 몸이 앞으로 기울어진 상태에서 앞발에 체중이 많이 실리게 만들어야 한다. 그런 다음, 뒷발을 고정한 상태에서 체중을 많이 받는 앞발을 한 발짝 앞으로 내디딘다. 이때 앞발이 앞으로 나가면서 넘어지지 않기 위해 양쪽 다리의 무릎은 조금 구부러질 것이다. 이렇듯 체중을 이용하여 몸을 아래로 떨어뜨리는 동작을 폴링이라고 한다. 앞발을 한 발짝 내딛기 위해 몸을 위로 약간 들어 올린 후 아래로 떨어뜨리는 동작과 왼손이 앞으로 나가는 동작이 동시에 이루어져야 하며, 앞발이 지면에 닿는 순간 왼손을 상대에게 닿게 해야 한다. 폴링 스텝을 이용한 왼손 졸트 펀치를 낼 때는 세로 주먹을 사용하는 것이 더 효과적이다. 주의할 점은 주먹을 낼 때 허리를 인사하듯이 숙여서는 안 된다는 것이다. 그렇게 하면 체중이 아래로 쏠려 파워가 약해지기 때문이다.

**앞손 졸트 펀치가 나오기 전**        **폴링 스텝 후의 앞손 졸트**

오른손 졸트 펀치는 흔히 졸트 카운터라고도 불리며, 더 파이팅 만화에도 소개된 적이 있다. 그리고 파퀴아오 대 마르케스 4차전에서도 이 펀치가 나왔는데, 이 펀치를 맞고 파퀴아오는 실신 KO 패를 당하게 된다.

오른손 졸트 펀치를 내는 방법은 아래와 같다.

방어력과 파워를 높이기 위해 앞발을 왼쪽 앞으로 내디디면서 머리와 몸을 왼쪽으로 더킹하듯이 숙이며, 동시에 오른손을 뻗는다. 이때 오른손은 반원 형태의 궤적으로 강하게 뻗어 주면 된다. 그리고, 오른손 주먹 모양은 왼손과 달리 가로 주먹을 사용하는 것이 더 효과적이다.

아래는 졸트 펀치를 연습할 때 주의해야 할 점이다.

① 상대의 얼굴 쪽을 타격하는 것이므로 연습할 때 타격점이 너무
낮아지지 않도록 주의해야 한다.
② 오른손을 뻗으며 왼쪽 아래로 더킹하듯이 몸을 기울일 때, 시선
은 앞쪽을 바라보아야 한다.
③ 팔을 일자로 쭉 뻗는 것이 아니라 반원 모양의 곡사포처럼 뻗어
야 한다.

## · 볼로 펀치

　필리핀 선수인 세페리노 가르시아가 발명한 펀치로, 훅과 어퍼컷의 중간 정도의 궤적을 그리는 펀치이다. 필리핀에서는 사탕수수 등을 벨 때 사용하던 대형 칼을 볼로라고 부르는데, 이 볼로 칼을 휘두르는 모양과 비슷하다고 하여 볼로 펀치라고 이름 지어졌다. 선수 중에서는 로이 존스 주니어, 조 칼자게, 저본타 데이비스가 이 볼로 펀치를 잘 사용한다. 볼로 펀치는 양손 다 사용할 수 있으며, 허리 아래에서 사선으로 큰 궤적을 그리며 올라오기 때문에 상대의 시야에서는 잘 보이지 않는 경우가 많다. 이러한 특성으로 인해 상대에게 더 큰 대미지를 입힐 수 있다. 어퍼컷과의 차이점은 볼로 펀치는 팔을 크게 휘두르며 사선으로 비스듬히 올려 친다는 점이다. 간혹 몸을 옆으로 많이 기울여서 수직으로 올려치기도 한다.

## · 스크류 펀치

1800년대 말부터 1900년대 초까지 미국에서 복싱선수로 활동했던 찰스 키드 맥코이가 발명한 펀치이다. 그는 고양이가 줄에 묶인 공을 가지고 노는 모습을 보고 영감을 받아 이 펀치를 발명했다고 한다.

일반적으로 잽이나 투를 뻗을 때 이 펀치를 사용하며, 엄지손가락이 아래로 내려오게 팔과 손목을 돌리며 타격하는 것이다. 주먹의 모양을 엄지가 아래로 내려간 세로 주먹으로 만들기 위해 몸을 옆으로 조금 기울이며 팔을 돌리면서 펀치를 뻗도록 한다.

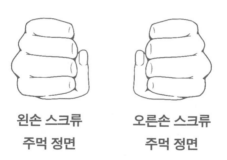

왼손 스크류          오른손 스크류
주먹 정면            주먹 정면

스크류 펀치의 특징은 아래와 같다.

① 전완근이 비틀어지며 팔 근육과 광배 근육을 사용하게 되므로 파워가 증가할 수 있다. 이와 달리, 일반적인 스트레이트성 펀

치는 빠른 스피드와 밀어 치는 방식이 가능하다는 측면에서 스크류 펀치보다 더 효과적일 수 있으며, 일반적인 스트레이트성 펀치의 이러한 방식은 파워에도 영향을 미칠 수 있다. 따라서 스크류 펀치가 일반 펀치보다 파워 면에서 항상 우위에 있다고 단정할 수는 없다.

② 어깨를 위로 올리며 팔을 뻗기 때문에 타격하는 동안은 턱을 보호할 수 있다. 그러나 어깨가 위로 올라가는 만큼 복부는 이완되고, 비어 있는 공간 또한 커지게 된다.

③ 변변한 안전 장비가 없던 옛날에는 스크류 펀치를 사용해 상대에게 주먹이 닿는 순간 비틀어서 피부에 상처를 입힐 수도 있었지만, 현대에 이르러서는 그렇게 하지 못한다.

# 제6장

# 바디 공격 방법

# 바디 공격 방법

바디 공격은 단순히 상대의 복부를 공격한다는 것에 그치지 않는다. 바디 공격은 상대에게 대미지를 입힐 수 있을 뿐만 아니라, 다양한 상황을 변화시키는 역할도 할 수 있다. 예를 들면, 상대의 오른쪽 옆구리를 가격하는 리버샷을 통해 불리한 경기를 단숨에 역전시킬 수 있으며, 또한 바디를 공격함으로써 상대의 주의를 얼굴과 몸 두 부분으로 분산시켜, 얼굴 쪽 공격을 더 쉽게 만드는 수단으로도 활용할 수 있다. 이처럼, 바디 공격은 단순한 타격 이상의 의미를 지니며, 전략과 전술의 측면에서도 중요한 역할을 한다.

바디 공격은 얼굴 공격에 비해 체력 소모가 크고, 동일한 대미지를 주기 위해선 더 큰 파워가 필요하다. 이러한 이유로 바디 공격은 정확한 타이밍과 기술적인 숙련도가 필요하며, 효과적인 공격을 위해서는 꾸준한 연습을 해야 한다.

## · 왼손 바디 찌르기

오른쪽 옆으로 상체를 숙이며 동시에 왼손을 앞으로 곧게 뻗어 상대의 명치 부위를 창으로 찌르듯이 타격하는 방식이다. 이 기술은 상대에게 큰 대미지를 입히지는 못하지만, 상대의 접근을 막을 수 있고, 또한 바디 찌르기로 상대의 가드를 낮춘 후 오른손 오버핸드로 얼굴 쪽을 타격하는 등의 콤비네이션용으로도 활용할 수 있다. 이처럼 바디 찌르기 공격은 상대의 얼굴 쪽 방어에 빈틈을 만들어 내는 수단으로도 매우 유용하게 활용할 수 있다. 이 기술의 특징은 옆으로 숙이는 동작과 찌르는 동작이 동시에 이루어져 공격과 방어가 함께 진행된다는 점이다. 이로 인해 바디 찌르기를 할 때는 상대의 카운터 공격으로부터 비교적 안전하다. 또한 상대가 멀리 있을 때는 앞발을 앞으로 내디디며 바디 찌르기를 해도 효과적이다.

아래는 바디 찌르기를 할 때에 주의할 점이다.

① 허리와 머리를 앞쪽이 아닌 오른쪽 옆으로 숙이면서 동시에 왼손을 뻗는다. 상체를 옆으로 숙이지 않고 앞으로 숙이거나 세운 채로 타격하면, 방어력과 파워가 감소한다.
② 왼발을 앞으로 내딛고, 팔을 뻗으며, 상체를 옆으로 숙이는 이 3가지 동작이 동시에 이루어져야 한다.

시크릿 복싱 교본

## · 바디 투

상대의 명치나 가슴 부위를 타격하기 위해, 앉으면서 오른손을 곧게 뻗어 공격하는 기술이다. 이때 오른쪽 허리와 다리는 반드시 왼쪽으로 회전시켜 주어야 한다. 서서 하는 '투' 동작에서 다리만 많이 구부린 자세가 바로 바디 투이다. 상대의 시선을 가리기 위해 먼저 잽을 눈 쪽으로 던진 후, 바디 투를 사용하면 더 효과적이다.

아래는 바디 투를 할 때에 주의할 점이다.

① 다리를 구부리지 않고, 상체만 앞으로 숙이며 팔을 뻗지 않는다.
② 투를 할 때는 허리와 오른쪽 다리를 왼쪽으로 회전시켜 준다.

## · 바디 훅

앞서 기본 공격 기술 편에서 언급한 바와 같이, 바디 훅을 할 때는 두 가지 방식을 사용할 수 있다. 첫 번째는 허리를 돌리며 후려치듯이 타격하는 방식이고, 두 번째는 주먹을 상대의 옆구리 속으로 창으로 찌르듯이 밀어 넣는 방식이다.

일반적으로 많이 사용되는 후려치듯이 타격하는 바디 훅은 밀어 넣듯이 타격하는 바디 훅에 비해 기술 난이도가 낮아, 바디 훅을 연타로 칠 때 더 유리하다. 따라서 바디 훅으로 연타 공격을 길게 할 때는 후려치듯이 타격하는 방식을 사용하는 것이 좋다. 하지만 찌르듯이 밀어 넣으며 타격하는 바디 훅에 비해 대미지가 떨어지는 편이다.

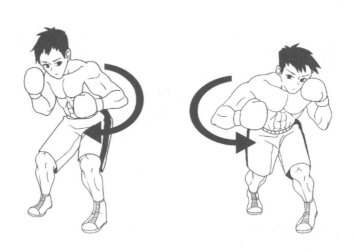

찌르듯이 밀어 넣으며 치는 훅은, 특히 왼손으로 상대의 오른쪽 옆구리에 있는 간을 타격할 때 사용하면 큰 대미지를 입힐 수 있다. 이때 상체를 약간 뒤로 젖히며 몸을 오른쪽으로 돌리게 되면, 왼손 주먹의 궤적이 위로 올라가게 되는데, 이렇게 하면 상대의 갈비뼈에도 큰 대미지를 입힐 수 있다.

## · 바디 어퍼컷

　바디 쪽으로 올려 치는 어퍼컷 펀치는 상대의 중심 라인을 겨냥해야 한다. 즉, 명치 부위를 겨냥해야 한다는 뜻이다. 중심이 아닌 좌우 측면 쪽을 겨냥해 바디 어퍼컷을 날린다면, 상대의 팔과 팔꿈치에 막혀 타격이 제대로 이루어지지 않을 것이다. 또한 상대의 팔꿈치에 부딪혀 손가락을 다칠 위험도 커지므로, 반드시 중심 라인을 겨냥해 올려 치는 습관을 길러야 한다.

　참고로, 단발성 어퍼컷을 할 때는 무릎을 굽혔다 펴서 체중을 위로 실어 타격하는 방식이 좋고, 어퍼컷을 연타로 낼 때에는 무릎보다는 상체를 위아래로 흔들면서 타격하는 방식이 더 효과적이다.

제7장

# 바디 방어 방법

라운드가 진행될수록 집중력과 체력이 떨어지고, 호흡도 거칠어질 것이다. 이때는 얼굴뿐만 아니라 바디 공격에 대한 방어에도 특히 신경을 써야 한다. 바디를 방어하는 방법에는 여러 가지가 있는데, 블로킹, 커버링, 패링, 백 스텝 등 다양한 방어 기술을 활용하여 바디를 방어할 수 있다. 얼굴 쪽 방어 기술의 대부분은 약간만 변형해도 바디 방어에 활용할 수 있으므로, 다양한 방어 방법을 모두 연습해 보는 것이 좋다.

　이번 장에서는 바디를 방어할 때 가장 흔히 사용되는 커버링과 블로킹을 이용한 방어 방법에 대해 자세히 살펴보도록 한다.

　※ 다른 기술들을 활용한 바디 방어 방법은 복싱 방어 기술 편에서 다루기로 한다.

# 커버링과 블로킹을 이용한 바디 방어법

---

이 방어 기술은 세 가지 단계로 이루어진다.

① 턱을 안으로 당기고, 고개를 숙인다.
② 양팔을 가슴 부위에 일직선으로 모은 후, 글러브를 자신의 코 근처에 위치시킨다.
③ 몸을 웅크린다.

이 자세에서 웅크린 상태로 상대의 바디 공격을 받아 내면 커버링이 되고, 공격이 오는 방향으로 팔, 팔꿈치, 몸 등을 움직여 방어하면 블로킹이 된다.

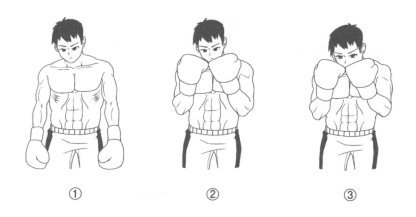

①          ②          ③

웅크린 상태에서 공격이 오는 방향으로 몸을 기울여 팔꿈치를 이용해 상대의 바디 공격을 방어할 수 있다. 이를 엘보우 블로킹이라고 한다.

**왼쪽 공격을 막을 때**        **오른쪽 공격을 막을 때**

엘보우 블로킹은 공격이 들어오는 쪽의 팔꿈치가 허공에 뜨지 않도록 옆구리에 붙인 후, 공격이 들어오는 순간 팔꿈치를 옆구리에 찍어 주듯 누르며 방어하는 것이다. 이때, 팔꿈치로 상대의 공격을 막으면 오히려 상대의 손가락이나 팔뚝을 다치게 만들 수도 있다.

아래는 커버링과 블로킹을 이용한 바디 방어를 할 때에 주의할 점이다.

① 상대의 주먹이 바디 쪽으로 들어올 때, 팔을 내리면서 막지 않

는다. 팔을 내리면서 막으면 상대의 페인트 공격에 속아 얼굴 쪽을 공격당하기 쉽다.

② 옆구리를 방어해야 한다는 생각에 양팔을 지나치게 벌리면 옆구리는 막을 수 있지만, 그로 인해 명치와 얼굴 쪽이 공격받기 쉬워진다. 특히 이럴 경우, 상대의 세로 주먹 공격에 더욱 취약해진다. 반대로 말하면, 얼굴 쪽 가드가 벌어진 상대에게는 세로 주먹으로 공격하는 것이 매우 효과적이다.

③ 바디를 방어할 때는 고개를 숙이는 것이 중요하다. 고개를 들면 얼굴 방어가 취약해진다.

④ 상대의 페인트 공격에 속아 몸을 옆으로 기울이지 않도록 주의해야 한다. 왼쪽으로 공격이 들어오는 것처럼 느껴져 몸을 왼쪽으로 기울였는데, 실제로는 페인트 후 오른쪽을 공격하는 경우도 있기 때문이다. 상대의 바디 공격이 어느 방향으로 들어올지 분간하기 어려울 때는 웅크린 자세인 커버링 방어를 사용하여 방어하는 것이 더 안전하다.

# 제8장

# 복싱 방어 기술 13가지

복싱은 공격과 방어, 이 두 가지 요소로 이루어진 스포츠이다. 다양한 콤비네이션, 현란한 풋워크, 수많은 전략과 전술 등은 모두 복싱에서의 공격과 방어를 효과적으로 수행해 나아가기 위한 하나의 수단인 것이다. 이처럼 공격과 방어는 모두 동등하게 중요한데도 불구하고, 훈련 과정의 대부분이 공격 훈련에 치우쳐져 있는 경우가 많다. 복싱을 잘하기 위해서는 복싱의 반을 차지하는 방어에 관한 훈련과 연구를 소홀히 해서는 안 된다.

　복싱 방어 기술은 막는 방법에 따라 세 가지 유형으로 나눌 수 있다. 첫 번째는 상대의 펀치를 견디는 내압성(耐壓性) 방어로, 블로킹과 커버링이 여기에 속한다. 두 번째는 상대의 펀치나 신체를 이용하는 이용성(利用性) 방어로, 패링, 클린치, 피닝이 여기에 속한다. 마지막 세 번째는 가장 많은 기술이 속해있는 분류인 상대의 공격을 피하는 회피성(回避性) 방어이며, 더킹, 슬리핑, 위빙, 스웨잉, 보빙 등이 여기에 속한다.

　우리는 지지 않는 복싱을 하기 위해, 복싱 방어 기술을 잘 이해할 필요가 있으며, 이를 위해 이번 장에서는 복싱의 반을 차지하는 방어 기술에 대해 자세히 알아보도록 한다.

　　　　　　　　　　　　　　　　　시크릿 복싱 교본

# 블로킹

상대의 주먹이 나에게 닿기 전에 손바닥, 팔, 팔꿈치, 어깨를 이용하여 막는 기술이다. 상대의 스트레이트성 공격은 손바닥을 이용해 얼굴 앞에서 막아 내며, 주로 턱 옆에 있는 오른손 손바닥을 사용한다. 필요에 따라서는 왼손 손바닥을 사용할 수도 있다.

**스트레이트성 공격은 손바닥을 이용한다.**

상대의 오른손 스트레이트는 왼쪽 어깨를 위로 올려서 막을 수도 있다. 이를 숄더 블로킹이라고 하며, 이를 적절히 활용한다면 손바닥으로 막는 블로킹보다 더 안전하고 효과적일 수 있다. 상대의 오른손 스트레이트가 나의 얼굴을 겨냥해 나오는 순간, 왼쪽 어깨를 위로 올리며 몸을 오른쪽으로 약간 회전시켜 막아 주는 것이다. 이때 턱을 안쪽으로 당겨 주면, 이 동작을 더 쉽고 안전하게 할 수 있다. 숄더 블로킹은 주로 필리셸 가드에서 많이 사용하는 편이나, 기본 가드를 했을 때도 사용할 수 있다.

**숄더 블로킹은 필리셸 가드에서 많이 사용된다.**

상대의 훅 공격은 하이 가드 한 것처럼 한쪽 팔을 높이 들고 팔꿈치는 오므린 상태에서 팔 전체로 막는다. 이때 상체를 돌리면서 오므려진 팔로 막아 주면 더 효과적이다. 상대의 왼손 훅은 오른손을 올려 막으며, 오른손 훅은 왼손을 올려 막는다. 때에 따라서는 팔뚝을 이용해 상대의 훅을 옆으로 쳐 내듯이 막거나 손바닥으로도 막을 수 있다.

시크릿 복싱 교본

**상대의 훅이 강할 경우 상체를 돌리며 막으면 더 효과적이다.**

상대의 훅 공격에 대해 상체를 돌려 가며 막는 방법이 숙달된 후에는, 공격을 막은 후 상체를 반대 방향으로 다시 돌리며 훅이나 스트레이트로 반격할 수 있다.

**허리의 회전력을 이용해 반격한다.**

상대의 어퍼컷 공격을 막을 때는 고개를 숙인 상태에서 손바닥을 이용해 어퍼컷 공격이 들어오는 순간 아래로 살짝 내려치듯이 막아낸다. 이때 팔을 너무 많이 내리면 상대의 다음 공격에 노출될 수 있으므로 주의해야 한다. 한 손 또는 두 손을 모두 사용하여 막을 수 있으며, 만약 두 손을 사용해 막았다면, 상대의 다음 공격에 대비하기 위해 빠르게 가드 자세로 되돌아와야 한다.

**어퍼컷을 두 손으로 블로킹해도 된다.**

근접거리에서 나오는 상대의 어퍼컷 공격은 거리가 가까워 공격이 시작되는 순간 어느 손에서 어퍼컷이 나오는지를 인지하고 대처하기가 매우 까다롭다. 그러므로 상대의 어느 손이 나오든지 간에 상관없이, 자신의 두 손을 중앙 부분에 놓고 방어한 뒤, 빠르게 다시 가드 자세를 취하는 것도 좋은 방법이 된다.

바디 쪽으로 오는 공격은 팔꿈치를 이용해 막을 수 있는데, 이것을 엘보 블로킹이라고 한다. 팔꿈치를 몸에 밀착시킨 후, 상대의 공격이 들어오는 순간 공격이 들어오는 방향으로 상체를 기울이고, 팔꿈치로 자신의 옆구리를 찍어 주듯 누른 상태로 막거나, 허리를 회전시키며 막을 수 있다. 허리를 회전시키며 막을 때는 상대의 왼손 바디 공격은 왼쪽으로, 오른손 바디 공격은 오른쪽으로 허리를 돌리며 팔꿈치로 막는다.

**팔꿈치로 막을 경우, 오히려 공격하는**
**사람의 손이나 팔뚝을 다치게 할 수 있다.**

# 커버링

커버링은 소극적 방어 방식이지만, 상대가 근거리에서 공격하거나 내 체력이 많이 소진되어 움직이기 힘든 상황에서는 유용하게 사용할 수 있다. 커버링을 하며 상대의 공격을 방어하는 동안에는 상대의 체력을 소진시킬 수도 있지만, 자신도 대미지가 쌓이고 정타를 맞을 위험이 크므로, 가능한 한 빨리 그 상황에서 벗어날 수 있도록 노력해야 한다.

상대가 공격해 올 때, 고개를 숙인 상태에서 양팔을 11자 모양으로 만들고 팔꿈치는 몸에 붙이도록 한다. 몸을 웅크리고 상대의 펀치가 가드를 뚫고 들어오지 않는 선에서 자신의 양손 사이로 시야를 확보하도록 하며, 이때 방어하는 동안 몸에 적당한 긴장을 유지한다면, 상대의 펀치를 훨씬 더 쉽게 견뎌 낼 수 있을 것이다.

커버링 방어에서 가장 중요한 것은 자신에게 적합한 양팔의 위치와 간격을 찾아, 최대한 빈틈없이 방어하는 것이다. 양팔을 너무 넓게 벌리면 가운데가 빌 것이고, 반대로 양팔을 너무 가운데로 모으면 양옆에 빈틈이 생길 것이다. 이러한 적절한 가드의 위치는 개인마다 다르다.

시크릿 복싱 교본

또한, 커버링으로 방어하는 동안 상대가 자주 사용하는 공격패턴을 파악할 수도 있으며, 이를 통해 다음 공격에 대비할 수 있어 방어가 한층 더 수월해진다.

**몸에 적당한 긴장을 유지한다.**

일반적으로 커버링 방어를 할 때는 11자 가드를 많이 사용하지만, 때로는 크로스암 가드를 사용하여 커버링 방어를 하기도 한다. 상대와의 거리가 가까울 경우, 크로스암 가드를 사용하여 커버링 방어를 하는 것도 매우 효과적이다. 크로스암 가드로 커버링 방어를 하기 위해서는 11자 가드와 마찬가지로 턱은 최대한 안쪽으로 당기고 몸을 많이 웅크려야 한다.

**근접에서 쓰면 효과적이다.**

 참고로, 필리셸 가드도 턱을 많이 당기고 몸을 웅크려 커버링 방어에 활용할 수 있으나, 가장 안전한 커버링 방어 방식은 11자 가드와 크로스암 가드이다.

# 패링

상대의 스트레이트성 공격을 자신의 손을 이용해 쳐 내는 기술로, 초보자들도 비교적 쉽게 사용할 수 있는 방어 기술이다. 공격이 닿기 전에 상대의 글러브, 손목, 팔뚝을 자신의 손으로 쳐 내면 되며, 이때 몸 안쪽으로 쳐 내는 것을 인사이드 패링, 몸 바깥쪽으로 쳐 내는 것을 아웃사이드 패링이라고 한다. 패링은 상대의 손목 부분을 쳐 내는 것이 가장 효과적이며, 이 기술을 효과적으로 사용하기 위해서는 먼저 상대의 펀치 스피드와 리치를 파악하는 것이 필요하다.

인사이드 패링은 아웃사이드 패링보다 사용하기 쉽고 위험이 적어서 더 자주 사용된다. 상대의 왼손은 자신의 오른손으로, 오른손은 자신의 왼손으로 몸 안쪽으로 때리듯이 쳐 내면 된다. 손으로 쳐 낼 때마다 쳐 내는 방향으로 몸을 조금씩 돌려 주면, 상대의 공격을 더 효과적으로 쳐 낼 수 있다. 인사이드 패링은 상대의 잽을 쳐 낼 때 자주 사용되며, 잽을 패링 한 후 반격하기에도 편리하다.

몸 안쪽으로 강하게 쳐 준다.

상대의 오른손 스트레이트 또한 인사이드 패링을 이용해 안쪽으로 쳐 낼 수 있으나, 만약 실패하면 상대의 강력한 뒷손에 공격당할 위험이 크므로 자주 사용하지는 않는다.

상대의 오른손을 패링 하는 것은 위험이 크다.

아웃사이드 패링은 상대의 펀치를 자신의 왼손, 오른손 구분 없이 몸의 바깥쪽으로 쳐 내는 기술이다. 예를 들면, 상대의 오른손 스트레이트를 자신의 왼손을 이용해 바깥쪽으로 쳐 낼 수도 있고, 자신의 오른손을 이용해 크로스 하듯이 뻗어서 바깥쪽으로 쳐 낼 수도 있다. 하지만 크로스 하듯이 쳐 내는 방법은 얼굴이 노출되어 상대에게 반격을 당할 위험이 있으므로 주의해야 한다.

**얼굴 쪽 공격을 아웃사이드 패링으로
쳐 내는 것은 인사이드 패링보다 어렵다.**

아웃사이드 패링은 상대의 바디 공격을 쳐 내는 데 사용하면 효과적이다. 인사이드 패링과 마찬가지로 상대의 왼손 바디 공격은 자신의 오른손으로, 오른손 바디 공격은 왼손을 이용해 바깥쪽으로 밀어 내듯이 쳐 내면 된다.

**아웃사이드 패링은 바디 공격을 쳐 낼 때 효과적이다.**

상대보다 자신의 키가 작은 경우에는 상대의 펀치를 위쪽으로 쳐 낼 수도 있다. 이는 아웃사이드 패링의 일종으로, 펀치를 위쪽으로 쳐 낸 후에는 상대의 비어 있는 바디 쪽을 공격할 수 있다.

**키가 큰 상대의 공격을 위쪽으로 패링 할 수도 있다.**

시크릿 복싱 교본

아래는 패링을 할 때에 주의할 점이다.

① 상대가 얼굴 쪽을 향해 페인트 공격을 했을 때, 이에 속아 패링 동작을 하게 되면, 자신의 얼굴이 그대로 노출되어 공격당할 위험이 커진다.

② 상대의 팔을 쳐 내기 위해 지나치게 손을 앞으로 뻗으면, 가드의 공백이 생겨 공격당할 위험이 커진다.

③ 펀치 스피드가 빠른 상대의 공격을 패링 하려면, 타이밍을 계산할 수 있는 시간을 확보하고 안전을 위해 자신의 손을 얼굴 가까이에 둔 채 패링 동작을 하는 것이 안전하다. 만약 상대의 스피드가 너무 빨라 타이밍을 맞추기 어렵다면, 무리하게 패링을 시도하지 않는 것이 낫다.

④ 바디 쪽 공격을 아웃사이드 패링으로 쳐 낼 때는 가만히 서서 하는 것보다 뒤로 물러나며 쳐 내는 것이 더 안전하다.

⑤ 약하게 쳐 내는 패링은 오히려 상대의 역공을 초래할 수 있으므로, 강하게 후려치듯이 쳐 내야 한다.

# 클린치

클린치는 경기 중에 상대를 껴안는 방어 기술이다. 많은 사람들이 클린치를 단순히 상대의 양팔을 제압하는 것으로만 알고 있는 경우가 많은데, 실제로는 상대의 양팔은 물론 몸통, 머리, 나아가 상대의 모든 움직임을 제압하는 것이 클린치이다. 클린치는 단순한 방어 기술을 넘어 상대의 리듬을 끊고 경기의 흐름을 자신에게 유리하게 이끌어 갈 수 있는 전략적 기술이다.

클린치가 필요한 경우는 아래와 같다.

① 체력이 떨어져 잠시 쉬어야 할 때
② 펀치를 맞고 다운당할 것 같아 회복이 필요할 때
③ 공격 실패 후 반격을 당할 것 같을 때
④ 상대의 체력을 떨어뜨리고자 할 때
⑤ 상대의 맹렬한 공격에 대한 리듬을 끊을 때

이처럼 클린치는 여러 가지 다양한 상황 속에서 활용될 수 있다. 하지만, 잦은 클린치는 경기의 흥미를 떨어뜨리고 심판에게 감점까

시크릿 복싱 교본

지 받을 수 있으니 주의해야 한다. 이러한 이유로 클린치는 복싱에서 필요악과 같은 존재라고 말하기도 한다.

클린치는 상대의 겨드랑이 안쪽에 양팔을 넣는 방식과, 상대의 양팔 위에 자신의 팔을 감싸듯이 올려놓는 방식이 있다.

상대의 겨드랑이 안쪽에 자신의 양팔을 넣는 클린치는, 상대의 몸통을 두 팔로 강하게 껴안는 기술이다. 이 방법은 상대에게 몸을 밀착시켜 움직임을 제한하고, 자신이 원하는 대로 상대의 몸을 통제할 수 있다는 장점이 있다. 하지만 클린치 상태에서 상대의 공격을 받을 위험도 따른다.

**겨드랑이 안쪽을 클린치하면**
**상대에게 더 밀착할 수 있다.**

겨드랑이 안쪽을 껴안는 클린치는 상대의 몸통을 껴안고 있던 양 팔을 풀어 클린치를 해제한 후, 순간적으로 상대를 뒤로 밀어 물러나게 만든 다음, 물러나는 상대를 따라가며 공격할 수 있다. 이때 상대는 뒤로 물러나는 상태이기 때문에 팔을 뻗어 공격을 해 온다 해도 펀치에 파워가 실리지 않을 것이다. 따라서 상대가 뒤로 물러날 때는 자신감을 가지고 과감히 공격해 들어가도록 한다.

상대의 팔 위에 자신의 팔을 감싸듯이 올려놓는 클린치는, 올려놓은 팔이 방어 역할을 하여 상대의 공격을 막아 준다. 또한, 상대가 클린치를 풀기 위해 움직일 경우, 움직이는 동선대로 팔을 붙인 채 따라다니기도 쉽다. 단점은, 상대 팔의 바깥쪽에 자신의 팔을 올려놓았기 때문에 상대가 몸을 흔들어 클린치를 벗어나기 쉽다는 점이다.

**상대의 팔 위로 감싸듯이 클린치한다.**

시크릿 복싱 교본

또한, 상대의 팔 위에 감싸듯이 올리는 클린치는 상대에게 몸을 기울여 기대면서 체력을 소모시키는 용도로도 사용할 수 있다. 클린치를 하는 동안 상대의 체력을 소모시키기 위해 자신의 체중을 이용해 의도적으로 몸을 기대며 매달리는 것이다.

**몸을 기대서 상대의 체력을 소모시킨다.**

클린치를 몇 번까지 허용할 수 있는지에 대한 명확한 규정은 없으나, 필요악인 클린치를 적절히 활용하여 자신에게 유리한 쪽으로 이용할 줄도 알아야 한다.

# 피닝

상대의 글러브나 팔, 어깨를 자신의 글러브나 팔 등으로 눌러서 공격을 막는 방어 기술이다. 피닝이라는 명칭이 생소하게 느껴질 수도 있는데, 우리나라에서는 스토핑(stopping)이라는 이름으로 더 많이 알려져 있다.

블로킹과의 차이점은 팔이나 팔뚝을 앞으로 많이 뻗어서 상대의 공격을 사전에 차단 한다는 점이다. 따라서 이 기술은 빠른 판단력과 신속한 동작이 요구된다.

피닝은 상대의 한 팔을 막는 방식과 양팔을 동시에 막는 방식으로 나눌 수 있는데, 양팔을 막는 피닝은 상대의 움직임을 더욱 제한하고, 반격의 기회를 보다 확실하게 만들 수 있는 기술로 활용된다. 아래에서 피닝의 두 가지 방식인 한 팔 막기와 양팔 막기에 대해 자세히 알아보기로 한다.

한 팔 막기를 할 때는 자신의 왼손으로 상대의 오른손을 막고, 오른손으로는 직선거리에 있는 상대의 왼손을 막아야 한다. 이렇게 해야지만 막지 않은 손으로는 상대를 공격할 수 있으며, 동시에 상대의 공격도 효과적으로 방어할 수 있다. 먼 거리에서는 글러브로, 가까운 거리에서는 주로 팔뚝을 이용하여 막는다.

시크릿 복싱 교본

**자신의 손과 일직선상에 있는 주먹을 막아야 한다.**

상대의 양팔을 막을 때는 주로 자신의 왼쪽 팔뚝을 사용하여 막으며, 오른손으로는 상대를 공격할 수 있다. 이때 상대의 양팔이 쉽게 빠져나가지 못하도록 강하게 누르면서 막아 주어야 한다. 이 방법은 상대가 11자 가드를 하거나 커버링 방어를 했을 때 특히 유용하며, 근접 상황에서도 매우 효과적으로 사용할 수 있다.

**주로 왼팔로 상대의
양팔을 막는다.**

**막은 후에는 훅 공격이
효과적이다.**

상대의 양팔을 자신의 한 팔로 막을 때는 팔뚝을 대는 위치가 중요하다. 너무 아래쪽을 막으면 상대가 팔을 위로 들어 올려 벗어날 수 있고, 너무 위쪽을 막으면 상대가 팔을 아래로 빼내면서 벗어날 수 있다. 가장 적절한 위치는 상대 팔의 3분의 2 지점, 즉 손목 근처이다.

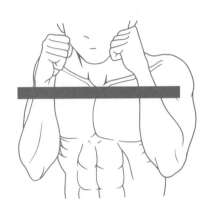

아래는 피닝을 할 때에 주의할 점이다.

① 너무 약하게 밀면 상대의 팔이 빠져나오므로 강하게 밀도록 한다.
② 상대의 양팔을 막을 때는 팔의 3분의 2 지점을 막는다.
③ 한 팔 막기에서 상대의 팔과 자신의 팔을 크로스해서 막으면, 상대에게 공격당하기 쉽다. 따라서, 자신의 팔과 일직선상에 있는 팔을 막아야 한다.
④ 상대와 가까운 거리에서는 팔뚝을 사용해 막는 것이 더 효과적이다.

# 슬리핑

머리와 상체를 좌우로 움직여 상대의 스트레이트성 공격을 피하는 기술이다. 움직이는 방향으로 허리를 조금씩 뒤로 돌리면서 피할 수도 있는데, 허리를 돌린 후 되돌아오는 힘을 이용해 카운터 펀치를 내기도 한다. 이때 머리가 좌우로 움직이더라도, 시선은 항상 상대를 바라봐야 한다. 이를 통해 상대의 움직임을 놓치지 않고, 다음 공격이나 방어에 대비할 수 있다. 또한, 좌우로 움직일 때 하체는 고정하고 머리와 상체만 기울여 피해야 하며, 특히 골반을 좌우로 움직이며 피하지 않도록 주의해야 한다. 골반을 좌우로 움직이면 무게 중심이 흔들리기 때문이다.

**상대의 스트레이트성 공격을 좌우로 움직여 빗나가게 만든다.**

기술을 사용하는 데 에너지 소모가 적게 들고 동작 또한 간단하여, 수없이 나오는 상대의 잽을 피하는 가장 효율적이고 편리한 방어 방법이 된다.

상대의 잽은 오른쪽으로 기울여 피하고, 투는 왼쪽으로 기울여 피한다. 이는 스트레이트성 공격을 피하는 가장 기본적인 슬리핑 방법이다.

잽은 오른쪽으로                          투는 왼쪽으로

상대의 잽을 왼쪽으로 피하고, 투를 오른쪽으로 피할 수도 있는데, 이렇게 하면 상대의 타격 범위 안으로 들어가게 되므로 후속타를 주의해야 한다.

시크릿 복싱 교본

**상대의 몸 안쪽으로 슬리핑 하면 공격에 쉽게 노출되므로 주의해야 한다.**

바깥쪽으로 슬리핑 한 후, 반격할 때는 상대의 옆구리를 공격하는 것이 효과적이다. 상대의 옆구리 쪽이 비어 있는 것을 볼 수 있을 것이다. 또한 상대의 공격을 슬리핑으로 피한 후, 상대가 펀치를 회수하는 순간에 자신의 펀치를 길게 뻗어 카운터로 타격하는 것도 효과적이다. 특히 상대가 잽을 날리는 순간 슬리핑으로 피한 후 빠르게 자신의 오른손을 길게 뻗어서 잽을 뻗었던 상대의 팔을 따라 들어가듯이 타격한다면 큰 대미지를 입힐 수 있다.

**슬리핑 후 바디 공격**

**슬리핑 후 얼굴 공격**

　상대의 펀치 타이밍에 익숙해지면, 잽이 나오는 순간 오른쪽으로 슬리핑 하며 동시에 왼손으로 상대의 얼굴이나 바디를 공격할 수 있다. 또한, 상대의 오른손이 나올 때는 왼쪽으로 슬리핑 하면서 오른손으로 상대의 얼굴이나 바디를 공격할 수 있다. 이 과정에서 오른쪽으로 슬리핑 할 때는 오른발을 한 발 앞으로 내디딜 수 있고, 왼쪽으로 슬리핑 할 때는 왼발을 왼쪽 앞으로 한 발 내디딜 수도 있는데, 이렇게 발을 디디며 팔을 뻗으면, 펀치의 파워는 더욱 강해질 것이다.

**오른쪽으로 슬리핑 하며　　　왼쪽으로 슬리핑 하며**
**　　왼손 카운터　　　　　　　　오른손 카운터**

상대의 몸 안쪽으로 슬리핑 한 후 반격할 때는, 잽을 피한 뒤에는 왼손으로 공격을 시작하고, 투를 피한 뒤에는 오른손으로 공격을 시작하는 것이 효과적이다. 이렇게 해야만 상대와 팔이 엉키지 않고, 공격을 위한 공간도 확보할 수 있다.

**안쪽으로 슬리핑 한 뒤에는 상대보다 먼저 공격해야 한다.**

아래는 슬리핑을 할 때에 주의할 점이다.


① 상대의 공격을 피하기 위해 상체를 좌우로 너무 크게 흔들면 무
   게 중심을 잃게 된다.
② 상대의 페인트 공격에 속아 슬리핑을 하였다면, 되돌아오는 타
   이밍에 공격을 당하지 않도록 주의해야 한다.
③ 턱을 안으로 당긴 상태에서 상대를 응시하며 피해야 한다.
④ 양손을 턱 쪽에 모은 상태로 슬리핑을 하며 움직이도록 한다.

시크릿 복싱 교본

# 더킹

더킹(ducking)의 사전적 의미는 머리나 몸을 구부려서 숙이는 것을 의미한다. 복싱에서의 더킹은 무릎을 구부리고 몸을 웅크려 펀치를 피하는 방어 기술을 말하며, 주로 얼굴 쪽으로 오는 스트레이트성 공격이나 훅을 피할 때 사용한다. 특히 오른손 스트레이트와 왼손 훅을 피할 때 매우 효과적이다. 예를 들면, 오른손 스트레이트는 왼쪽 더킹으로, 왼손 훅은 아래쪽 더킹으로 피할 수 있다.

더킹의 종류에는 왼쪽 더킹, 오른쪽 더킹, 아래쪽 더킹이 있다.

왼쪽 더킹          아래쪽 더킹          오른쪽 더킹

왼쪽 더킹은 상대의 오른손 스트레이트를 피할 때 사용하면 효과적이다. 상대의 펀치가 날아올 때 몸을 왼쪽으로 비틀고, 무릎은 약간 구부린 채 웅크리는 자세로 숙여 주면 된다.

　왼쪽 더킹을 하는 동시에 자신의 앞발을 한 발짝 앞으로 디디며 상대의 옆구리 쪽으로 파고든 뒤, 왼손으로 상대의 바디를 공격할 수도 있는데, 이것을 왼쪽 전진 더킹이라고 한다. 전진 더킹은 주로 왼쪽으로 많이 하며 무게 중심은 앞발 쪽에 많이 실리게 된다.

**상대의 투가 나올 때 왼쪽으로 전진 더킹 후 바디 공격**

　오른쪽 더킹은 상대가 왼손 훅이나 점프 잽을 하며 접근할 때 사용하면 효과적이다. 상대의 펀치가 날아올 때 몸을 오른쪽으로 숙이고, 무릎을 약간 구부려 웅크린 자세를 만들면 된다. 이때, 양발의 무게 중심은 5 대 5로 균형을 유지한다. 오른쪽 더킹 후에는 오른손으로 상대의 비어 있는 왼쪽 바디를 공격할 수 있다.

　　　　　　　　　　　　　　　　　　시크릿 복싱 교본

오른쪽 전진 더킹을 할 때는 오른발을 한 발 앞으로 내딛고, 상체는 오른쪽으로 비틀면서 숙이면 된다.

**상대가 접근하며 잽을 낼 때 오른쪽으로 더킹**

**오른쪽 더킹 후 바디 공격**

아래쪽 더킹은 상대의 훅이나 스트레이트성 공격이 얼굴 쪽으로 올 때 사용하면 효과적이다. 몸을 웅크리며 무릎을 재빨리 구부려서 상대의 펀치가 자신의 머리 위로 지나가게 만드는 것이다. 오른쪽 더킹과 마찬가지로 무게 중심은 양발의 중앙에 5 대 5로 있으며, 자신의 머리가 상대의 벨트라인 아래로 내려가는 것은 반칙이므로 주의해야 한다.

아래쪽 더킹은 전진 더킹과 달리 상대의 공격을 어느 정도 예측하며 움직이는 것이 아니라, 상대의 공격에 빠르게 반응하여 피하는 방식인 경우가 많다. 상대의 공격이 오는 순간, 민첩하게 아래로 앉으며 피하는 것이다. 또한, 아래쪽 더킹을 한 후 일어서는 힘을 이용해 어퍼컷으로 반격하는 것도 효과적인 공격 방법이 된다.

**재빨리 앉으며 더킹 한다.**　　　　**일어서며 어퍼컷 공격**

코너에 몰린 상대를 공격할 때, 상대의 공격이 없더라도 전진 더킹을 한 후 바디를 공격하는 습관을 들인다면, 이는 공격과 방어 모두에 도움이 되는 유익한 습관이 될 것이다.

아래는 더킹을 할 때에 주의할 점이다.

① 상대의 벨트라인 아래로 숙이는 것은 반칙이므로 주의해야 한다.
② 몸을 낮추기 위해 허리만 숙이지 않도록 한다. 웅크린 자세로 다리를 구부려야 한다.
③ 더킹을 할 때는 양손을 턱밑에 두어 방어와 움직임이 원활하게 이루어지도록 해야 한다.
④ 시선을 땅 쪽에 두지 않는다.

# 위빙

위빙(weaving)의 사전적 의미는 옷감을 짜거나 바구니를 엮는 것을 의미한다. 옷감을 만드는 과정은 방직기(베틀)에서 이루어지며, 이때 '북'이라는 도구를 사용하여 실을 좌우로 이동시킨 후, '바디'라는 베틀의 부속품을 아래로 내리는 동작을 하게 되는 것이다. 위빙은 이처럼 머리와 엉덩이를 'U' 자 형태로 아래로 내리면서 마치 방직기의 '북'처럼 좌우로 움직이며 피하는 동작을 하는 것이다. 주로 훅을 피할 때 사용하며, 스트레이트성 공격도 피할 수 있다.

양발은 기본자세를 유지하고, 두 손은 턱밑에 두며, 무릎을 굽혔다 폈다 하면서 상체를 좌우로 돌리듯이 회전시키면 된다. 앞서 언급한 바와 같이, 머리와 엉덩이는 제자리에서 앉았다 일어나는 'V' 자 형태가 아닌, 상체를 돌리며 부드럽게 미끄러지듯이 움직이는 'U' 자 형태여야 한다. 상대의 왼손 훅은 오른쪽으로 피하고, 오른손 훅은 왼쪽으로 피하면 된다.

**상대의 왼손 훅은 오른쪽으로,
오른손 훅은 왼쪽으로 피해야 안전하다.**

위빙은 발을 고정한 상태에서 상체만 움직이는 제자리 위빙과 발을
좌우로 이동시키는 움직이는 위빙의 두 가지 유형으로 나눌 수 있다.

발을 바닥에 고정한 상태에서 상체만 움직여 피하는 제자리 위빙
은, 상대의 연타 공격을 피하거나 난타전을 할 때 타격 중간중간 섞
어 주는 방식으로 사용하면 효과적이다.

**허리를 구부려 피하지 않고 다리를 구부려 피한다.**

시크릿 복싱 교본

상대와 난타전을 할 때 공격 중간중간 제자리 위빙을 섞어 주면, 방어에 도움이 될 뿐만 아니라, 연타 공격을 이어 나갈 수 있는 에너지도 회복할 수 있게 된다. 이는 위빙을 하는 동안 팔을 잠시 쉬게 할 수 있기 때문이다. 또한, 위빙 후 일어서는 동작을 할 때 허리를 돌리는 반동을 이용해 훅으로 상대를 타격하면 더 큰 대미지를 입힐 수도 있다.

좌우로 이동하며 움직이는 위빙은 상대의 공격 범위를 벗어날 때 사용하면 효과적이며, 때로는 상대의 측면으로 빠져나가 사각지대에서 공격하기 위한 용도로도 활용된다.

움직이는 위빙은 원하는 방향으로 발에 힘을 주어 밀어 주면서 동시에 아래로 앉고, 다른 발은 가고자 하는 방향으로 한 발짝 옮긴 후, 밀어 주던 역할을 했던 발을 다시 끌어당겨 기본자세를 만드는 동작으로 이루어진다. 발에 힘을 주어 밀고, 아래로 앉으면서 다른 발은 원하는 방향으로 한 발짝 옆으로 옮기는, 이 3가지 동작이 동시에 이루어져야 빠르게 날라 오는 상대의 주먹을 피할 수 있다. 이처럼 움직이는 위빙은 앞서 언급한 3가지 동작과 밀어 주는 역할을 했던 발을 끌어당겨 다시 기본자세를 만드는 동작이 합쳐져서 이루어진다.

상대의 리치가 길거나 인파이팅을 하기 위해 접근해야 할 때는, 공격을 피하면서 앞으로 나아갈 수 있는 전진 위빙을 사용하면 된다. 왼쪽 앞으로 나아가고자 할 때는 왼발을 대각선 앞으로 디디는 동시

에 다리를 구부려 앉으며 'U' 자로 움직이는 위빙 동작을 한 뒤, 밀어
주던 역할을 했던 오른발을 끌어당기면 된다.

주먹을 턱밑에 모은다.     왼발을 딛으며 앉는다.     기본자세로 선다.

오른쪽 앞으로 나아가고자 할 때는 오른발을 왼발과 같은 선상에 위
치하도록 앞쪽으로 한 발짝 내딛고, 동시에 몸을 'U' 자로 만들며 위빙
동작을 한 뒤, 왼발을 한 발짝 앞으로 디뎌 기본자세를 만들면 된다.

주먹을 턱밑에 모은다.     오른발을 딛으며 앉는다.     기본자세로 선다.

아래는 위빙을 할 때에 주의할 점이다.

① 허리를 숙이는 것이 아니라, 다리를 구부려서 피하는 것이다.
② 시선을 땅 쪽에 두지 않는다.
③ 상대 벨트 아래로의 위빙은 반칙이다.
④ 위빙을 하는 도중에 양손은 턱밑에 둔다.
⑤ 발로 밀기, 앉기, 다른 쪽 발 옮기기, 이 3가지 동작이 동시에 이루어져야 한다.
⑥ 자신의 턱 쪽으로 오는 상대의 훅 공격을 피할 수 있을 만큼 많이 앉아야 한다.

# 스웨잉

하체를 고정한 상태에서 상체를 뒤로 젖히면서 상대의 공격을 피하는 방어 기술로, 스웨이 백(sway back)이라고도 한다. (※ sway : 전후, 좌우로 흔들다.)

상대의 연타 공격은 상체를 뒤로 젖힌 상태에서 앞뒤와 좌우로 몸을 흔들어 피하고, 단타 공격은 한 번만 뒤로 젖히면서 피하면 된다. 허리를 뒤로 젖혀서 피하는 방식보다는 옆구리를 이용해 상체를 앞뒤로 움직이는 방식이 더 좋다. 이때 왼쪽 옆구리는 펴지고, 오른쪽 옆구리는 접히게 된다. 또한, 스웨잉은 상대의 공격 가능 거리 즉, 타격 범위를 정확히 파악해야만 안전하게 사용할 수 있으므로, 상대의 리치나 타격 범위에 맞추어 뒤로 젖히며 피하는 정도를 조절해야 한다. 백 스텝과 마찬가지로 뒤로 피하는 동작이기 때문에, 상대의 잽, 어퍼컷, 큰 스윙 등 모든 종류의 펀치를 피할 수 있다.

**왼쪽 옆구리는 펴지고
오른쪽 옆구리는 접힌다.**

상체를 뒤로 젖혔다가 올라오는 반동을 이용해 상대를 공격할 수
도 있으며, 이때는 주로 잽이나 오른손 스트레이트로 반격한다. 올
라오는 반동을 이용해 오른손 스트레이트로 반격할 때는 일반적인
'투'보다 상체를 더 왼쪽으로 숙이고 길게 뻗는 것이 효과적이다. 이
러한 동작을 풀 카운터(pull counter)라고 부르기도 한다. 하지만 상
대가 연타로 공격해 올 때는 카운터 펀치로 반격을 시도하지 않는
것이 더 안전하다.

**스웨잉 후 허리 반동을 이용한 반격은 강력하다.**

상대의 연타 공격을 피하기 위해 뒤로 물러날 때나 이미 로프에 기대 있는 상태일 때는, 상체를 뒤로 젖힌 상태에서 앞뒤와 좌우로 몸을 흔드는 스웨잉을 해 주는 것이 좋다. 간혹 이미 스웨잉을 한 상태에서 한 번 더 뒤로 젖히며 피하기도 한다.

연타 공격을 스웨잉으로 피할 때는 턱을 안으로 당긴 상태에서 시선은 상대를 바라보며 상체를 앞뒤와 좌우로 가볍게 흔들며 피하도록 한다. 이때 상체를 뒤로 젖히기 위해 오른쪽 다리를 구부리지 않도록 주의해야 한다. 오른쪽 다리를 굽히면 단발성 공격은 피할 수 있으나, 연타 공격은 피하기가 어렵기 때문이다. 다리를 굽혔다 폈다 하는 동작은 자신의 체중을 올렸다 내렸다 하는 것과 마찬가지여서 상대의 빠른 연타 공격을 피하는 데는 한계가 있다. 그리고 연타 공격을 피할 때 상체의 움직임을 원활히 하기 위해 양손을 턱밑에 두지 않고 내린 상태로 스웨잉을 하며 피하는 경우도 있으나, 이때는 상대의 공격에 맞지 않도록 각별히 주의해야 한다. 또한, 스웨잉으로 연타 공격을 피할 때, 위빙과 슬리핑을 함께 섞어 주면 훨씬 더 수월하게 피할 수 있다.

아래는 스웨잉을 할 때에 주의할 점이다.

① 상체를 뒤로 젖힐 때, 턱이 들리지 않도록 주의한다.
② 상체를 뒤로 젖힐 때, 시선은 위쪽이나 옆쪽을 바라보지 않고 상대방을 바라봐야 한다.
③ 가능한 한 양손은 턱밑에 둔 채 상체를 뒤로 젖힌다.
④ 상대의 리치를 고려하여 뒤로 젖혀지는 정도를 조절할 줄 알아야 한다.
⑤ 간혹 허리를 앞뒤로 움직여 상체를 뒤로 젖히기도 하나 이 방식은 허리가 특별히 유연한 경우가 아니라면 권장하지 않는다.
⑥ 코너에 몰렸을 때, 스웨잉만으로는 공격을 전부 피할 수 없으므로 재빨리 빠져나오도록 노력해야 한다.

# 보빙

허리를 숙이며 머리와 상체를 위아래 수직으로 움직여 공격을 피하는 방어 기술이다. 이 기술의 명칭은 '머리를 까닥거리다'라는 의미인 '밥(bob)'이라는 단어에서 유래되었다. 고개를 숙였다가 올렸다 하듯이 움직이면서, 무릎과 허리를 이용해 몸 전체를 리듬감 있게 위아래로 움직이는 방식이다. 훅과 오버핸드 공격을 피하는 데 효과적이며, 잽을 피할 때도 사용할 수 있다.

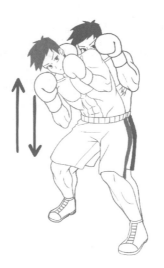

**위아래 수직으로 움직인다.**

보빙을 효과적으로 할 수 있는 네 가지 방법은 아래와 같다.

첫째, 상대의 스피드에 맞춰 움직여야 한다. 상대의 스피드에 따라 자신의 보빙 속도도 달라져야만 펀치를 피할 수 있다.

둘째, 위빙과 함께 사용하면 더욱더 효과적이다. 보빙과 위빙은 유사한 동작이므로 연결하여 사용하기가 쉽고, 위아래로 피하는 보빙과 좌우로 피하는 위빙을 섞어서 사용한다면 한층 더 안전하게 방어할 수 있을 것이다.

셋째, 리듬감 있게 움직여야 한다. 상대의 펀치를 피하기 위해서는 상대의 일정한 공격 타이밍에 맞춰 자신의 몸을 리듬감 있게 움직여야 한다. 이는 연타 펀치를 피하는 기본 요소이기도 하다.

넷째, 근접 상황에서는 양팔을 교차하는 크로스 가드를 한 후, 보빙을 하는 것도 좋은 방법이다. 위아래로 움직이는 보빙은 훅 공격을 피하는 데는 유리하나, 어퍼컷 공격에는 취약하므로, 근접 상황에서는 양팔을 턱밑에 가로로 교차시키는 크로스 가드를 한 뒤, 보빙을 하는 것이 효과적이다.

아래는 보빙을 할 때에 주의할 점이다.

① 위아래로 너무 큰 반동을 주며 머리와 허리를 숙였다 올렸다 하지 않는다.
② 근접 상황에서는 상대의 어퍼컷 공격에 주의해야 한다.
③ 상대의 스피드와 리듬에 맞춰 움직여야 한다.

# 사이드 스텝

공격을 당하지 않는 가장 확실한 방법은 상대의 공격 가능 범위에서 멀어지는 것이다. 이러한 관점에서 볼 때, 스텝을 이용한 방어 기술은 가장 안전하고 효과적인 방법이 될 수 있다.

방어로서의 사이드 스텝은 크게 세 가지로 나눌 수 있다. 첫 번째는 옆 공간으로 이동하여 피하는 방식이고, 두 번째는 정면으로 선 뒤, 옆으로 돌아나가듯 횡으로 이동하며 피하는 방식이며, 마지막 세 번째는 상대의 옆 공간으로 회전하며 피하는 방식이다.

방어 기술로서의 사이드 스텝은 일반적인 풋워크에서 사용되는 사이드 스텝인 첫 번째와 두 번째 방식에, 옆 공간으로 회전하며 피하는 세 번째 방식이 추가된 것이다.

첫째, 옆 공간으로 이동하여 피하는 방식은 상대와의 대치 상태에서 공격이 들어올 때, 스텝을 이용해 왼쪽이나 오른쪽 공간으로 한 발씩 점프하듯이 이동하여 피하는 것이다. 또한, 공격해 들어오려고 준비하는 상대에게 공격해 들어오기 바로 직전에 미리 왼쪽 또는 오른쪽 공간으로 이동하여 상대의 공격 리듬을 뺏기 위해 사용하기도 한다. 옆 공간으로 이동하여 피하기는 정확한 타이밍과 신속한 움직임이 요구된다.

둘째, 정면으로 선 뒤, 옆으로 돌아나가듯이 횡으로 피하는 방식은 상대의 공격이 들어올 때, 몸을 정면으로 선 상태에서 왼쪽이나 오른쪽으로 횡으로 이동하며 피하는 것이다. 이때 양발은 같은 수평선 상에 한 일 자(一) 형태로 놓이며, 움직일 때는 발과 발이 서로 부딪히지 않도록 간격을 유지하면서 횡으로 이동하며 피하면 된다.

셋째, 상대의 옆 공간으로 회전하며 피하는 방식은 한 발씩 옆으로 점프하면서 몸을 90도로 회전시키는 것이다. 이렇게 하면 상대의 공격 라인에서 벗어날 수 있을 뿐만 아니라, 벗어난 후에는 상대의 측면을 공격할 수도 있다. 한 발씩 이동하며 회전하는 방식으로 움직일 때는, 오른쪽 공간으로 피하기 위해서는 오른발이 먼저 가고 그 뒤에 왼발이 따라오며, 왼쪽 공간으로 피하기 위해서는 왼발이 먼저 간 뒤에 오른발이 뒤따라온다.

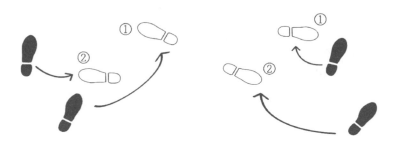

**한 발씩 빠르게 순서대로 옮기며 회전한다.**

아래는 사이드 스텝을 할 때에 주의할 점이다.

① 사이드 스텝을 이용해 방어할 때는 상대방이 움직임을 예측하지 못하도록 한 방향으로만 움직이지 않도록 한다.

② 정면으로 선 뒤, 옆으로 돌아나가듯이 횡으로 움직여 피할 때는 양발의 안쪽 면이 서로 부딪히며 움직이지 않도록 주의한다. 양발을 한 일 자(一) 형태로 만든 후, 발과 발 사이 간격을 유지하며 움직이도록 한다.

③ 옆 공간으로 회전하며 피할 때는 제자리에서 돌지 말고, 상대의 옆 공간, 즉 대각선 앞으로 이동하며 회전해야 한다.

# 백 스텝

'삼십육계'는 중국의 병법서로서, 36가지의 중요한 전술을 모아 놓은 책이다. 이 책의 맨 마지막 전술인 36번째 계책은 도망가는 것에 관한 것으로, 이는 우리가 흔히 알고 있는 삼십육계 줄행랑을 의미한다. 가장 중요한 순간인 마지막에 사용하는 전술이 줄행랑인 것처럼, 이와 유사한 백 스텝 역시 위험한 상황에 직면했을 때 사용할 수 있는 가장 안전하고 확실한 방어 방법이라고 말할 수 있다.

백 스텝은 모든 공격을 피할 수 있으며, 초보자도 쉽게 사용할 수 있는 방어 기술이다. 또한, 백 스텝은 뒤로 걸으며 물러나기와 뒤로 점프하며 물러나기로 나눌 수 있다.

상대의 공격을 피하기 위해 뒤로 걸으며 물러나기를 할 때는 상황에 따라 한 걸음 또는 그 이상을 물러나며 상대의 공격 범위에서 멀어지도록 한다. 이 과정에서 상체를 좌우로 흔들거나, 얼굴과 상체를 보호하기 위해 손을 올려 방어하며 뒤로 물러나는 동작을 하기도 한다. 상대의 공격이 끝난 뒤에는 뒤로 물러나는 동작을 멈추고 재빨리 반격을 위한 준비를 하도록 한다.

뒤로 점프하며 물러나기는 상대의 단발성 공격이나 기습 공격을 피할 때 효과적이다. 그러나 상대의 공격이 연타로 이어지며 계속해서 전진해 들어올 때는 단순히 뒤로 점프하며 물러나는 방법만을 고집해서는 안 된다. 이럴 때는 사이드 스텝을 함께 사용해 주어야 한다. 또한, 뒤로 점프할 때는 위로 너무 높게 뛰지 않도록 주의해야 한다.

뒤로 점프하며 물러나기를 할 때, 뒤로 점프하는 동시에 왼손을 앞쪽으로 힘껏 뻗으며 피하면 훨씬 더 적극적인 방어가 될 수 있다. 왜냐하면 만약 다가오던 상대가 이 왼손에 맞게 된다면, 오른손 스트레이트를 맞았을 때와 비슷한 대미지를 입을 수도 있기 때문이다.

뒤로 점프 뛰는 동시에 왼팔을
앞으로 힘껏 뻗는다.

시크릿 복싱 교본

아래는 백 스텝을 할 때에 주의할 점이다.


① 전진하며 들어오는 연타 공격을 받을 때는, 단순히 뒤로만 물러나서는 안 된다. 돌면서 움직이거나 횡으로 이동하며 피해야 한다.

② 뒤로 점프 뛰며 피할 때는 위로 너무 높게 뛰지 않는다.

③ 상대의 스피드가 월등히 빠를 경우, 다른 방어 방법과 함께 섞어서 사용하도록 한다.

# 롤링

    롤링(rolling)은 '돌리는 것'이라는 사전적 의미처럼 머리와 몸을 원을 그리듯이 돌리며 피하는 방어 기술이며, 특히 훅을 피할 때 효과적이다. 상대의 훅 공격을 피하기 위해 훅이 날아오는 방향과 같은 방향으로 머리와 몸을 원을 그리듯이 돌리면서 피하는 것이다. 혹시 완전히 피하지 못하게 되더라도 상대의 펀치를 스치듯이 맞게 되므로 대미지를 많이 감소시킬 수 있다.

(1)                  (2)

(3)                                        (4)

롤링 후에는 훅이나 스트레이트를 연결하여 반격할 수 있으며, 특히 돌리는 힘을 이용한 훅 공격이 매우 위력적이다.

오른쪽으로 돌 땐 왼손 훅을 연결한다.

(1)                                        (2)

(3)

(4)

왼쪽으로 돌 땐 오른손 훅을 연결한다.

(1)

(2)

시크릿 복싱 교본

(3) (4)

위빙과 롤링의 차이점은 아래와 같다.

위빙은 머리와 몸을 'U' 자 형태로 움직이는 반면, 롤링은 머리와 몸을 'O' 자 형태로 돌리듯이 움직인다. 또한 위빙은 상대의 펀치가 나오는 방향으로 다가가듯이 움직이지만, 롤링은 펀치의 방향과 동일한 방향으로 움직이며 몸을 돌려 피하는 것이다.

아래는 롤링을 할 때에 주의할 점이다.

① 근접전에서 롤링을 할 때는 상대와 머리가 부딪치는 버팅을 주의해야 한다.

② 머리를 돌릴 때 시선은 땅을 보지 않도록 한다.

③ 상대의 펀치 스피드가 빠를 때는 사용을 자제하도록 한다.

④ 머리와 몸을 돌릴 때는 단순히 힘으로만 돌리려 하지 말고, 리듬감 있게 돌리도록 한다.

# 제9장

# 페인트 기술

성동격서(聲東擊西)란 먼저 동쪽에서 소란을 피운 다음 서쪽을 공격한다는 뜻으로, 원래 목표의 반대쪽을 공격하는 척하여 상대의 주의를 끈 후, 실제로는 원래의 목표를 공격하는 전략을 이르는 말이다.

　복싱에서 페인트 기술이란 성동격서와 같이 상대를 속여서 공격을 성공시키는 일종의 심리전이라고 할 수 있다. 상대를 속이고자 할 때는 단순히 팔로만 하는 것이 아니라 눈빛, 몸짓, 표정 등 모든 것을 활용하여 상대를 속일 수 있어야 한다.

　페인트 기술을 실제로 사용하기 위해서는 많은 연습과 경험이 필요하므로, 상대방의 입장이 되어 다양한 페인트 동작을 연구하고 연습해 보도록 하자.

# 페인트 잽

페인트 잽은 간단하면서도 수시로 사용할 수 있는 페인트 공격 방법이다. 상대에게 잽을 뻗을 때, 페인트 잽인 첫 번째 잽은 원래 잽 거리의 3분의 1 정도만 뻗고 다시 빠르게 회수한 뒤, 두 번째 잽을 실제로 뻗는 방식이다. 상대를 속이기 위해 공격하는 척한 후, 곧바로 실제 공격을 실행하는 방식이다.

페인트 잽 공격은 아래와 같은 상대에게 사용하면 특히 효과적이다.

① 패링을 자주하는 상대
② 11자 가드를 사용하며 가드를 열었다 닫았다 하는 방식으로 방어하는 상대
③ 긴장을 많이 해서 작은 움직임에도 크게 반응하는 상대
④ 카운터 공격을 위해 상대의 선제공격을 기다리는 상대

**뒷장 그림 설명 참조 ▶**

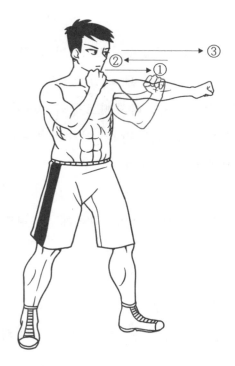

첫 번째 잽은 3분의 1 정도만 뻗어
상대를 속인다.

# 아래위

대표적인 페인트 공격 기술 중 하나로, 초보자도 비교적 쉽게 따라 할 수 있어 활용도가 높고, 상대에게 큰 대미지를 입힐 수 있다. 왼손 바디 찌르기를 해서 상대의 가드를 아래로 내린 후, 오른손 오버핸드로 비어 있는 상대의 얼굴 쪽을 타격하는 것이다. 오른손 오버핸드를 할 때는 곡사포처럼 반원을 그리듯이 상대의 얼굴을 향해 올라가며, 허리의 회전력을 이용하기 위해 머리와 상체를 오른쪽에서 왼쪽으로 빠르게 돌려야 한다. 이렇게 하면 오른손 오버핸드의 파워가 더욱 강력해질 것이다. 하지만, 오른손 오버핸드를 할 때 타점이 너무 낮거나, 허리를 돌리는 과정에서 주먹이 왼쪽으로 치우쳐지지 않도록 주의해야 한다.

**오른손 오버핸드로 강력한 대미지를 입힐 수 있다.**

# 위아래

'아래위'와 함께 대표적인 기본 페인트 공격 기술 중 하나로 꼽힌다. 상대에게 접근하기 위해 앞으로 점프하면서 동시에 잽을 뻗는다. 이때의 잽은 상대의 주의를 위쪽으로 유도하기 위한 것이므로 상대에게 직접적으로 닿지 않아도 상관없다. 지면에 착지하는 순간 앉으면서 오른손으로 바디 찌르기를 한다. 이때 명치 부분을 겨냥해 밀어 치는 펀치로 찌르듯이 타격하면 더 효과적이다.

**잽은 힘을 빼고 가볍게 뻗고, 바디 공격에 집중한다.**

# 엇박 치기

엇박 치기란 공격을 하는 도중에 순간적으로 팔동작을 잠깐 멈췄다가 다시 팔을 움직여 원래의 공격을 이어 나가는 것을 말한다. 펀치가 닿는 시점을 상대의 예상과 다르게 만들어 속이는 페인트 공격 기술이다. 예를 들면, 스트레이트를 뻗다가 상대와의 중간 거리쯤에서 잠시 주먹을 멈췄다가 다시 뻗는 방식이다. 이러한 엇박 치기는 상대의 방어를 무력화시킬 수 있으며, 특히 상대가 공격이 끝난 줄 알고 방어 자세를 풀거나, 방어 동작 후 원래의 자세로 되돌아올 때 타격을 성공시킬 수 있어서 매우 효과적이다. 비록 파워는 약해지지만, 상대가 예상하지 못한 타격을 가할 수 있으므로, 이는 약해진 파워를 대신할 수 있다. 엇박 치기는 모든 종류의 펀치에 적용할 수 있으며, 특히 스트레이트성 펀치인 잽이나 투를 낼 때 사용하면 초보자도 쉽게 따라 할 수 있다.

**뒷장 그림 설명 참조 ▶**

멈췄다 치는 엇박 치기로
방어 타이밍을 뺏을 수 있다.

# 오른쪽 숄더 페인트

운전할 때는 오른쪽 깜빡이를 켜고 좌회전을 해서는 안 된다. 하지만 복싱에서는 오른손으로 때릴 것처럼 오른쪽 어깨를 움직여 상대를 속인 후, 왼손으로 공격하면 더 쉽게 상대를 타격할 수 있다. 어깨를 앞으로 내밀어 주먹이 나오는 것처럼 보이게 하여 상대를 속이는 방법이다. 즉, 오른쪽 숄더 페인트는 상체를 왼쪽으로 돌려 오른쪽 어깨가 공격할 때처럼 앞으로 나오게 만들어 상대를 속인 뒤에 실제 공격을 하는 것이다.

이 기술의 핵심 요소는 두 가지이다. 첫 번째는 오른쪽 숄더 페인트를 할 때, 실제로 자신이 오른손으로 공격할 때와 동일한 동작이 페인트 동작으로 나와야 한다는 것이다. 실제로 공격할 때와 페인트 동작을 할 때가 다르다면 상대는 속지 않을 것이다. 두 번째는 상대의 방어 방법에 따라 숄더 페인트 후 적합한 공격 방법을 선택해야 한다는 것이다. 이를 위해 상대가 자주 사용하는 방어 패턴을 파악한 후, 숄더 페인트를 활용하여 과감히 공격해 보도록 한다.

상대의 방어 방식에 따른 오른쪽 숄더 페인트 후 공격하는 방법은 아래와 같이 세 가지로 나눌 수 있다.

## 1. 오른쪽 숄더 페인트 후 왼손 스트레이트

이 방법은 두 가지 경우에 사용할 수 있다. 첫 번째는 숄더 페인트에 속아 상대가 커버링을 했을 때이고, 두 번째는 숄더 페인트에 속아 상대가 스웨잉을 했을 때이다. 오른쪽 숄더 페인트를 했을 때 상대가 커버링으로 방어하는 자세를 취했다면, 상대는 시간상으로 막았다고 생각하고 곧 방어하던 팔을 벌려 얼굴을 오픈시킬 것이다. 이때 점프하면서 왼손 스트레이트로 상대의 얼굴을 타격할 수 있다.

또, 상대가 오른쪽 숄더 페인트에 속아 스웨잉으로 상체를 뒤로 젖힌 후 다시 일으켜 세우는 순간, 점프하면서 왼손 스트레이트로 상대의 얼굴을 타격할 수 있다. 이처럼 상대가 자주 사용하는 방어 패턴을 파악한 후 오른쪽 숄더 페인트를 사용한다면 더욱 효과적인 공격이 가능해진다.

**오른손으로 때리는 척 어깨를 앞으로 내민 후, 상대가
가드를 닫았다 열 때, 왼손 스트레이트로 공격한다.**

**솔더 페인트에 속아 스웨잉 후 올라 올 때,
왼손 스트레이트로 공격한다.**

## 2. 오른쪽 숄더 페인트 후 왼손 훅

　오른쪽 숄더 페인트를 했을 때, 상대가 숄더롤로 방어하는 자세를 취한다면, 상대의 오른쪽 얼굴 부분이 상대적으로 방어에 취약해질 것이다. 이때 점프하면서 왼손 훅을 사용해 상대의 오른쪽 얼굴 부분을 타격할 수 있다. 또한, 오른쪽 숄더 페인트에 속아 상대가 팔을 뻗어 블로킹을 시도하거나, 왼손을 길게 뻗어 방어하는 자세를 취할 때도 효과적으로 사용할 수 있다.

솔더롤로 방어하는 상대에게 점프하며 왼손 훅으로 공격

### 3. 오른쪽 솔더 페인트 후 오른손 어퍼컷

이 기술은 공격을 받으면 상체를 오른쪽으로 자주 숙이는 상대에게 사용하면 효과적이다. 솔더 페인트를 했을 때 상대가 오른쪽으로 상체를 숙이면, 솔더 페인트로 인해 왼쪽으로 돌아간 자신의 상체를 다시 오른쪽으로 돌리면서 동시에 그 반동을 이용해 빠르게 점프하며 상대에게 다가간다. 그런 다음 오른손 어퍼컷을 이용해 숙이고 있는 상대의 얼굴을 타격하면 된다. 오른손 어퍼컷을 할 때는 상대의 얼굴이 내 왼쪽 아래에 있으므로, 허리와 오른팔을 왼쪽으로 많이 돌려 주어야 한다. 특히 이 동작은 솔더 페인트 후 상체의 반동을 이용해 점프로 상대에게 다가가는 동작이 빨라야 한다.

시크릿 복싱 교본

페인트에 속아 상체를 굽힌 상대　　　반동을 이용한 빠른 접근

숙인 상대를 맞추기 위해
사선 방향으로 어퍼컷 공격

# 시선 페인트

공격하려는 곳을 일부러 대놓고 응시하는 척하여 상대의 주의를 끈 후, 다른 곳을 공격하는 방식이다. 일반적으로 상대와 마주하고 있을 때는 서로가 얼굴을 보고 있게 되므로, 시선 페인트를 할 때는 상대가 바로 알아챌 수 있도록 얼굴 쪽이 아닌 복부 쪽을 바라봐 주는 것이 더 좋다. 복부 쪽을 응시하여 상대의 주의를 복부 쪽으로 쏠리게 한 후, 실제 공격은 얼굴 쪽으로 하는 것이다. 이때 복부 쪽으로 공격할 듯한 가짜 제스처를 몇 번 취해 주면 효과가 더 좋다. 또한 반대로 얼굴 쪽을 바라보다가 갑자기 복부 쪽을 공격할 수도 있다. 시선 페인트로 상대를 속인 뒤에는 빠르고 강하게 공격하도록 한다.

※ 시선 페인트는 시크릿 공격 기술 편의 '왼손 길게 치기'에서도 시선을 다른 방향으로 돌린 후, 기습공격을 하는 방식으로 언급 했었다.

# 드로잉

    드로잉(drawing)이란 일부러 자신의 허점을 노출해 상대가 공격해 들어오게 유도하는 기술이다. 예를 들면 자신의 오른손 가드를 일부러 많이 내려서 상대의 왼손 훅 공격이 들어오게 유도한 후, 상대의 공격이 들어오는 순간이나 예상했던 공격을 피한 뒤에 오른손 스트레이트로 상대를 타격하는 것이다. 또는 일부러 양팔을 높이 들어 바디 공격을 유도한 후, 공격이 들어오는 순간이나 피한 뒤에 상대에게 어퍼컷이나 스매싱 블로로 반격할 수도 있다. 다시 말하면, 드로잉은 상대에게 빈틈을 보여 주어 자신이 예상한 동작을 하게끔 만드는 것이다. 상대는 예상했던 대로 공격해 오므로, 그 공격을 피하면서 오히려 대미지를 입힐 수 있다.

시크릿 복싱 교본

일부러 가드를 내려 빈틈을 보인 후,
훅 공격이 오는 순간 투로 대응한다.

일부러 가드를 많이 올려 바디 공격을 유도한 후,
공격해 오는 순간 스매싱 블로로 대응한다.

제10장

# 실전 시크릿 팁

복싱 시합이나 스파링에서 승패를 결정짓는 요소는 단순히 힘과 스피드뿐만 아니라 여러 가지 다양한 요소들이 복합적으로 작용한다. 창의적인 기술로 상대를 불편하게 만들거나, 페인트로 속이거나, 약점을 공략하는 등의 다양한 요소들이 경기 결과에 영향을 미치는 것이다. 이러한 요소들을 실행하기 위한 실전 비법들은 불리한 상황을 유리하게 바꿔 줄 뿐만 아니라, 상대보다 부족한 점을 극복하는 데에도 큰 도움이 된다. 자신보다 강한 상대를 효과적으로 공략하기 위해서는 각자의 개성이 담긴 다양한 실전 비법 기술을 개발하고 활용할 줄 알아야 한다.

# 앞발 먹기

이 기술은 자신에게 접근하려는 상대의 진로를 막을 수 있으며, 공격이 들어오더라도 앞발에 걸리게 하여 균형을 잃게 만들 수 있다. 자신의 앞발을 가로로 만들어 상대의 앞발을 막아 주는 방식이다. 되도록 상대가 눈치채지 못하도록 하는 편이 좋으며, 자신의 앞발을 가로로 만들수록 막을 수 있는 범위도 넓어진다.

**앞발을 가로로 만들어 상대의 접근을 막는다.**

# 하이 가드로 유인 후
# 반격하기

　이 기술은 두 가지 단계로 구성된다. 첫 번째 단계는 양팔을 높이 들어 하이 가드를 한 후, 상대의 잽 공격을 유도하는 것이며, 두 번째 단계는 상대가 날린 잽을 피한 후, 빈틈을 파고들어 반격하는 것이다. 즉, 상대가 하이 가드 쪽으로 잽을 뻗도록 유도하기 위해 일부러 잽이 나올 수 있는 거리까지 다가가고, 잽이 나오는 순간 슬리핑이나 더킹을 이용해 피한 후, 빠르게 앞발을 앞으로 한 발짝 내디디며 오른손으로 공격하는 것이다. 잽을 피한 후 공격할 때는 오른손 스트레이트를 길게 뻗으며 공격하는 것이 가장 효과적이다.

하이 가드로 공격 유도 슬리핑으로 피함

앞발을 내디디며
오른손을 길게 뻗음

# 클린치 벗어나기

상대가 나에게 클린치를 했다는 것은 다른 의미로는 지금 나에게 기회가 왔다는 뜻이다. 이때에는 재빨리 상대의 클린치에서 벗어나 상대가 재정비할 수 있는 시간을 갖지 못하도록 만들어야 한다. 그러나 클린치를 많이 경험해 보지 못한 사람은 당황하여 어쩔 줄 몰라하거나, 상대가 풀어 줄 때까지 그 자리에 가만히 서 있기만 하여 상대에게 유리한 시간을 제공해 주게 되는 경우가 종종 있다. 이러한 상황들을 방지하기 위해, 클린치를 풀거나 역이용할 수 있는 몇 가지 비법들을 배워 보도록 하자.

상대의 클린치를 풀거나 역이용하는 방법은 크게 두 가지로 나눌 수 있다. 첫 번째는 상대가 내 겨드랑이 안쪽을 잡고 클린치를 했을 경우이며, 두 번째는 상대가 내 팔 위로 몸을 감싸듯이 안으며 클린치를 했을 경우이다.

상대가 내 겨드랑이 밑으로 양팔을 넣어 클린치를 했을 경우, 상대는 내 몸통을 강하게 껴안고 있는 상태가 된다. 이럴 때는 상대의 체력을 소모시키기 위해 순간적으로 다리 힘을 빼 버려서 상대가 내 몸 전체를 안아서 들고 있는 것처럼 만들어 주면 된다. 다리에 힘을 빼서 갑자기 몸이 아래로 내려가려는 순간, 상대는 클린치를 벗어나려 한다고 생각하고 본능적으로 더 강하게 힘을 주며 꽉 껴안으려 할 것이다. 이 과정을 통해 상대의 체력을 크게 소모시킬 수 있다.

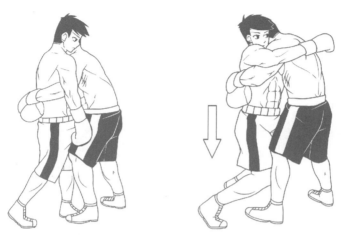

**순간적으로 다리의 힘을 풀어 상대가 내 몸을 붙잡게 만든다.**

상대가 내 팔 위로 몸을 감싸듯이 클린치를 했을 경우, 상대의 품 속에 갇히게 된다. 이때 재빨리 벗어나지 않으면, 상대가 몸을 기울여 나에게 기대며 쉴 수 있는 상황을 만들어 주게 된다. 이렇게 되면 상대의 하중을 자신이 그대로 지탱하고 서 있는 상태가 되므로 바람직하지 않다. 감싸듯이 안고 있는 상대를 벗어나기 위해서는 몇 가지 단계적인 동작이 필요하며, 이 과정은 초보자도 쉽게 따라 할 수 있다.

1단계, 상대의 품 안에서 몸을 좌우로 흔든다.

2단계, 공간이 생기면 왼팔을 위로 올려 상대의 목 부분에 가로로 놓는다.

3단계, 상대의 머리가 뒤로 젖혀질 정도로 강하게 민다.

이 과정을 통해 클린치를 벗어날 수 있을 뿐만 아니라, 심판에게 클린치를 원하지 않으며 적극적으로 경기를 운영하려 한다는 인상도 심어 줄 수 있다.

몸을 흔들어 공간을 만든다.

왼팔을 상대의 목에 대고 민다.

시크릿 복싱 교본

# 몸으로 미는 상대 대응법

복싱 시합이나 스파링을 하다 보면 상대가 몸으로 밀거나, 내가 상대를 밀어야 하는 경우가 종종 발생한다. 상대가 몸을 이용해 밀어올 때, 힘으로만 버티려 한다면 체력이 많이 소진되거나 미는 힘을 견디지 못하고 뒤로 밀려나게 될 것이다. 이는 상대에게 매우 유리한 상황을 만들어 주는 셈이 되며, 힘으로만 버티려 하다 보면 체력 또한 급격히 소진되므로 주의해야 한다. 만약 뒤로 밀리고 있는 상황에서 상대가 공격까지 해 온다면, 자신은 뒤로 밀려나는 상태이므로 방어와 반격이 어려워져 더욱 불리한 상황에 놓이게 될 것이다.

상대가 몸으로 밀어 올 때, 밀리지 않는 방법은 아래와 같다.

첫째, 정면으로 서지 않고, 측면으로 선다.
둘째, 몸을 숙여 무게 중심을 낮춘다.
셋째, 다리를 평소보다 앞뒤로 넓게 벌려 버티는 힘을 강하게 만든다.

위의 세 가지 방법만으로도 버티는 힘과 미는 힘을 크게 향상시킬 수 있다.

**뒷장 그림 설명 참조 ▶**

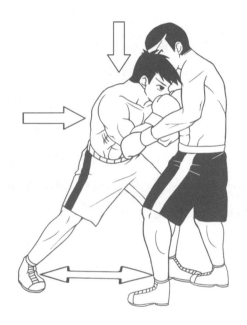

밀 때와 버틸 때 모두 유용하다.

# 잽을 강하게 치는
# 3가지 방법

잽은 복싱을 시작할 때 가장 먼저 배우는 펀치로, 매우 중요한 기술 중 하나이다. 잽을 느리고 약하게밖에 쓸 줄 모르는 선수는 다른 기술이 아무리 뛰어나더라도 반쪽짜리 선수밖에 될 수 없다는 말이 있을 정도이다. 이 말은 단순히 선수들에게만 해당하는 것은 아닐 것이다.

복싱을 잘하기 위해 강하고 빠른 잽을 장착하는 것은 필수 불가결의 조건이다. 따라서 복싱을 잘하기 위해서는 잽의 종류에 따른 파워, 체력 소모, 방어력, 스피드의 차이를 인지하고 상황에 맞게 적절히 활용할 줄 알아야 한다.

## 1. 점프 잽

상대에게 점프로 접근하면서 잽을 뻗는 방식이다. 양발을 동시에 뛰거나, 펜듈럼 스텝처럼 한 발씩 차례로 점프하며 잽을 뻗을 수도 있다. 잽을 뻗으며 점프해 다가가기 때문에, 멀리 있는 상대에게 접근할 때 사용하면 효과적이다.

점프 잽의 장단점은 아래와 같다.


① 파워 : 온몸의 체중을 실어 치기 때문에 파워가 강하다.

② 체력 소모 : 온몸을 이용해 점프하므로 체력 소모가 다른 잽에
비해 크다.

③ 방어력 : 점프하는 동안 공중에 떠 있는 상태이므로 방어력은
좋지 않다.

④ 스피드 : 몸 전체를 움직이므로 스피드는 느린 편이다.


## 2. 앞발 잽

뒷발은 고정한 채 앞발만 한 발 앞으로 내디디며 동시에 잽을 뻗는
방식이다. 잽을 뻗고 난 뒤에는 앞으로 나갔던 손과 발을 빠르게 제
자리로 되돌려야 한다. 앞발 잽은 자신보다 리치가 긴 상대에게 사
용해도 효과적이며, 상대와 멀리 떨어져 있을 때 자주 사용하여 상
대가 편히 쉬지 못하도록 만들 수도 있다. 또한, 상대의 공격을 피한
후 카운터 잽 형태로 반격할 때도 사용할 수 있다.

앞발 잽의 장단점은 아래와 같다.


① 파워 : 점프 잽보다는 약하지만 파워는 강한 편이다.

② 체력 소모 : 앞발을 움직여 타격하고 돌아오는 방식이므로 기본

잽보다는 체력 소모가 크고, 점프 잽보다는 적다.

③ 방어력 : 멀리 있는 상대를 타격하는 방식이므로 방어력은 좋은 편이다.

④ 스피드 : 앞발을 내디디며 타격한 후 다시 회수해야 하므로 스피드는 느린 편이다.

## 3. 허리 회전 잽

잽을 뻗을 때 하체는 고정한 채 상체만 오른쪽으로 돌리며 치는 잽이다. 상체를 돌리기 때문에 기본 잽보다 리치가 더 길어진다. 기본 잽을 사용할 때보다 스피드가 약간 느리다는 것 외에는 특별한 단점이 없고 장점이 많은 잽이다.

허리 회전 잽의 장단점은 아래와 같다.

① 파워 : 허리 회전을 이용하여 타격하므로, 파워가 강한 편이다.

② 체력 소모 : 허리만 돌리므로 체력 소모가 크지 않다.

③ 방어력 : 리치가 길어지고, 잽을 내는 순간 상체를 회전시키므로 상대에게 자신의 측면만 노출되어 방어력은 좋은 편이다.

④ 스피드 : 기본 잽보다는 느리지만 상대적으로 빠른 편에 속한다.

# 상대에게 공격 들어가기가
# 겁날 때

링 안에서 상대와 마주 섰을 때, 많은 훈련과 경험을 통해 두려움이 느껴지지 않게 만들 수도 있지만, 대부분의 사람들은 여전히 두려움을 느끼게 된다. 이것은 어쩌면 자연스러운 현상일 것이다. 만약 상대에게 공격하기 위해 먼저 다가가야 하는 상황이라면, 이 두려움은 훨씬 더 커질 것이다. '상대에게 먼저 공격을 시도하다 카운터에 맞지는 않을까?', '내가 오히려 정타를 맞고 KO가 되지는 않을까?', '내 공격이 빗나가지는 않을까?' 등과 같은 여러 가지 두려운 마음이 드는 것이다. 하지만 이러한 생각들은 실제로 발생하지 않은 일에 대한 비관적 예측에서 비롯된 걱정일 뿐이다. 그렇다고 해서 그런 일이 전혀 일어나지 않을 것이라는 의미는 아니다. 이러한 두려움을 극복하기 위해서는 상대의 카운터 펀치나 반격을 당하지 않으면서 자신의 마인드 컨트롤까지 가능한 방법을 찾아야 하는데, 그것이 바로 '상대 손 저지하며 들어가기'이다.

상대 손 저지하며 들어가기는 상대를 공격하기 위해 잽을 뻗으며 접근할 때, 잽을 상대의 얼굴 쪽이 아닌 글러브 쪽으로 뻗으며 접근하는 것이다. 이때 자신의 잽을 손바닥 부분으로 밀듯이 들어가면 상대에게 더욱 안전하게 접근할 수 있다. 왜냐하면 상대는 자신의 글러브 쪽으로 들어오는 내 글러브에 주먹이 막혀 카운터 펀치를 날릴 수 없게 되기 때문이다. 상대의 글러브를 막은 후 안전하게 접근한 뒤에는 자신이 계획했던 공격을 이어 나가면 된다.

# 오른손 '투'가 잘 안 나갈 때

초보자뿐만 아니라 일정 수준의 숙련자들도 링 안에서는 오른손 스트레이트 즉, '투'를 뻗는 것에 대해 자신 없어하는 사람들이 많다. '투'를 뻗는 것을 주저하는 이유는 두 가지로 생각해 볼 수 있는데, 첫 번째는 상대의 반격에 대한 두려움이다. '투'는 혹이나 어퍼컷보다 공격이 끝난 후 방어를 하기 위해 다시 가드 자세로 되돌아오는 데 시간이 더 많이 걸린다. 이로 인해 카운터를 맞거나 반격을 당할지도 모른다는 두려움이 다른 펀치들에 비해 더 크게 생기는 것이다. 두 번째는 타격지점이 멀리 떨어져 있는 것에 대한 두려움이다. 오른손은 상대적으로 왼손보다 뒤쪽에 위치하므로, 상대를 타격하기 위한 거리가 멀게 느껴질 수 있다. 이러한 이유로 정확히 타격하지 못할 것이라는 두려움이 생기는 것이다. 사실, 가장 근본적인 원인은 연습 부족일 수 있지만, '투'가 잘나가지 않는 상태에서 이를 단순히 연습만으로 극복하기에는 시간이 오래 걸린다. 왜냐하면 두려운 마음도 함께 극복해야 하기 때문이다. 이러한 문제를 간단한 팁을 통해 해결해 보도록 하자.

'투'를 부담 없이 뻗기 위해서는 주먹이 나가는 거리를 줄여 주면 해결된다. 이를 위해 '투'를 뻗기 전에 미리 상체를 왼쪽으로 돌려 오른쪽 어깨가 앞으로 나오게 만드는 것이다. 즉, 오른쪽 어깨를 미리 앞으로 돌려놓아 오른손이 상대와 가까워지도록 만드는 방식이다. 이 방법은 심리적으로 '투'를 뻗는 것을 훨씬 더 수월하게 만들어 준다. 시합이나 스파링 중간중간 이 방법을 사용해 '투'를 자주 뻗다 보면, 자연스럽게 '투'를 뻗는 것에 익숙해질 것이다. 익숙해진 후에는 원래의 자세로 돌아가도록 한다.

일반적인 기본자세            상체를 돌린 기본자세

# 샌드백을 이용한 생활체육 복싱대회 준비 방법

시합 대비 훈련의 핵심은 훈련을 할 때 자신의 한계를 넘어설 때까지 해야 한다는 것이다. 훈련 방법은 매번 달라질 수 있지만, '한계를 넘어설 때까지'라는 원칙은 변하지 않는다. 이러한 기본 원칙을 바탕으로 생활체육 복싱대회를 준비할 때 중점적으로 고려해야 할 사항과 샌드백을 이용한 훈련 방법에 대해 알아보도록 하자.

생활체육 복싱대회를 준비할 때 중점을 두어야 할 핵심 포인트는 두 가지이다.

첫째, 공격 위주의 훈련을 해야 한다.

이것은 실제 시합에서의 경기 운영도 마찬가지일 것이다. 왜냐하면 생활체육 복싱대회에서는 적극적인 공격 의지가 높은 점수를 받는 데 큰 영향을 미치기 때문이다.

둘째, 체력 운동이 답이다.

비록 생활체육 복싱대회에서의 실제 시합 시간은 짧지만, 의외로 상당한 체력이 요구된다. 이는 생활체육 복싱대회에 참가해 본 경험이 있는 사람이라면 누구나 공감하는 내용일 것이다. 여러 가지

시크릿 복싱 교본

체력 요소 중에서도 특히 심폐지구력이 중요하다. 왜냐하면 시합하는 동안은 너무 정신이 없어 얕은 호흡을 하며 몸을 계속해서 빠르게 움직이거나 힘을 잔뜩 준 상태에서 공격과 방어를 쉬지 않고 하는 경우가 대부분이기 때문이다. 간혹 첫 번째 라운드가 끝난 후 숨이 너무 차서 다음 라운드에 나갈 수 없을 것 같다는 생각이 드는 사람도 있을 정도이다. 심폐지구력을 기를 수 있는 유산소 운동과 인터벌 트레이닝 등을 통해 체력을 강화해야 한다.

생활체육 복싱대회를 준비할 때, 샌드백을 이용한 훈련을 어떻게 하면 좋을지에 대해 네 가지 방법으로 나누어 알아보자.

첫 번째는 원투로 샌드백을 밀어 쳐서 기울어지게 만들기이다. 이 것은 원투를 연속으로 뻗어 일정 시간 동안 샌드백을 기울어진 상태로 유지하는 것을 의미한다. 생활체육 복싱대회에서는 상대방과 몸이나 팔이 뒤엉키거나, 서로가 앞으로 돌진하며 공격하는 상황이 자주 발생하는데, 이 훈련을 통해 상대방을 뒤로 밀어내고, 앞으로 나아가며 공격하는 힘을 기를 수 있다. 이러한 모습은 심판들에게 더욱더 적극적이고 공격적인 경기 운영을 한다는 인상을 심어 줄 수 있다. 또한 이 훈련을 통해 펀치를 계속해서 뻗을 수 있는 펀치 지구력도 키울 수 있다.

KO가 잘 나오지 않는 생활체육 복싱대회에서의 가장 중요한 승리 요소는 바로 적극성이다. 상대를 실제로 타격해서 얻는 공격 포인트는 물론, 공격하려는 의지와 공격 시도 횟수 등도 승패를 결정짓는 중요한 요소로 작용한다. 이러한 이유로, 상대보다 복싱 실력이 뛰어나더라도 생활체육 복싱대회에서 반드시 승리할 수 있는 것은 아니다. 실력이 조금 부족하더라도 적극적인 공격을 펼친다면 충분히 승리할 가능성이 있다. 원투로 밀어 쳐서 샌드백 기울이기를 연습한 후, 적극적인 공격을 해 나가도록 하자.

**샌드백이 기울어진 상태를**
**유지하도록 한다.**

두 번째는 훅 연속 치기이다.

이것은 다른 펀치 없이 샌드백을 훅으로만 연속으로 빠르고 강하게 치는 것을 의미한다. 시합 중에는 근거리에서 상대와 난타전을 벌이며 서로 타격을 주고받는 상황이 반드시 발생한다. 난타전에서 계속해서 빠르게 펀치를 낼 수 있는 가장 효과적인 공격 방법이 바로 양훅을 연속해서 내는 것이다. 이를 통해 상대의 중심을 무너뜨릴 수 있으며, 운이 좋다면 다운까지도 기대해 볼 수 있다. 서로 난타전을 할 때는 상대보다 먼저 공격을 멈추거나 뒤로 물러서지 않도록 주의해야 한다. 이를 위해서는 자신의 한계를 넘어서는 훈련이 필요하다. 특히 양훅을 연습할 때는 턱을 들지 않도록 하고, 타점이 너무 내려가지 않게 주의해야 한다.

**고개를 숙이고 자세를 낮춘 후
연속으로 훅을 날린다.**

세 번째는 고개를 숙이고 머리로 샌드백을 밀면서 치기이다.
생활체육 복싱대회에서는 안전을 최우선으로 생각하기 때문에 만약, 상대의 큰 펀치를 정타로 맞고 머리가 뒤로 젖혀진다면, 주심은 즉시 시합을 중지시키거나 다운을 선언하게 될 것이다. 이는 목이 뒤로 젖혀질 정도의 강한 타격을 맞아 위험하다고 판단했기 때문이다. 이러한 현상을 방지하기 위한 머리로 샌드백 밀면서 치기는 목의 힘을 길러 맷집을 강하게 만들 수 있으며, 상대와 가깝게 붙었을 때 고개 숙이는 습관도 들일 수 있다. 이렇게 함으로써 펀치를 맞고 머리가 뒤로 젖혀지는 현상을 예방하는 데도 효과를 볼 수 있다.

　※ 고개를 숙인 상태에서는 얼굴 쪽에 펀치를 맞더라도 목이 충격을 흡수해 주기 때문에 견딜 수 있다.

**머리를 붙인 채 샌드백이 움직이는
방향으로 따라가며 타격한다.**

　　　　　　　　　　　　　　　　　　시크릿 복싱 교본

네 번째는 샌드백 마주 보고 제자리에서 뛰면서 치기이다.

샌드백을 정면으로 바라보고 서 있는 자세에서 양손을 교차하며 앞으로 뻗는다. 동시에 무릎을 들어 올리며 제자리 뛰기를 하면 된다. 이러한 방법으로 25초 전력으로 제자리 뛰기를 하면서 샌드백을 친 후, 5초 쉬고를 반복하며 연습하면 된다. 앞서 언급했듯이 생활 체육 복싱대회에서 가장 중요한 체력 요소는 심폐지구력이다. 실제 시합에서는 숨이 너무 차서 펀치를 내지 못하거나 다음 라운드를 못할 것 같다는 생각이 종종 들 정도이기 때문이다. 뛰면서 치기는 이러한 상태를 극복하는 데 도움이 된다.

**무릎을 높이 들어 올리며 전력으로
뛰면서 타격한다.**

# 어퍼컷 방어법 TOP3

어퍼컷은 사실 다른 펀치들에 비해 파워가 강한 편은 아니다. 그럼에도 불구하고 어퍼컷을 맞고 나면 큰 충격을 받게 된다. 이는 가격당하는 부위가 인체 구조상 큰 충격을 받는 급소 부위이기 때문이며, 또한 대부분의 펀치를 인지하지 못한 상태에서 맞는 경우가 많기 때문이다. 그러므로 상대와의 근접전에서는 항상 어퍼컷 공격을 당하지 않도록 주의해야 한다. 어퍼컷 공격에 대한 방어는 턱을 안쪽으로 당기는 것을 기본으로 하며, 여기에 다양한 방어 기술들을 추가한다면 더욱 완벽하게 방어해 낼 수 있다. 어떤 방어 기술이 가장 효과적인지 알아보기 위해, 안전성, 기술 난이도, 방어 후 반격 가능 여부, 체력 소모를 기준으로 TOP3를 알아보자.

어퍼컷 방어 기술 3위는 백 스텝이다.

백 스텝의 가장 큰 장점은 안전하다는 것이다. 공격 가능 거리가 짧은 어퍼컷을 뒤로 물러나며 피하면, 상대의 공격 범위에서 벗어날 수 있어 매우 안전하게 피할 수 있다. 단점은 뒤로 점프하며 피하는 동작이므로 체력 소모가 크고, 백 스텝으로 피한 후에는 상대와의 거리가 멀어져 반격이 어려워진다는 점이다. 이로 인해 백 스텝 후의 반격은 주로 스트레이트로 한다. 몸 전체를 움직여 피하는 동작이므로, 상대의 공격 타이밍을 잘 파악한 뒤에 움직여야 한다.

안전성 : 좋음 / 기술 난이도 : 보통 / 반격 가능 여부 : 어려움 /
체력 소모 : 큼

어퍼컷 방어 기술 2위는 커버링이다.

상대가 가까운 거리에서 어퍼컷으로 공격할 경우, 빠르고 간결하게 대응할 수 있는 방어법은 바로 커버링이다. 커버링은 서 있는 상태에서 양팔을 오므리며 방어하면 되므로, 초보자들이 사용하기에도 적합하다. 상대의 공격을 방어하기 위해 몸을 웅크리고 커버링을 한 후, 적절한 순간에 신속하게 상대의 공격 범위에서 벗어나야 한다. 단점은 커버링을 하는 동안 움직이지 않고 있기 때문에 상대의 연타 공격을 당하기 쉽다는 것이다. 공격하는 입장에서 보면 커버링을 한 상대는 연타로 공격하기 쉬운 대상이 되기 때문이다. 또한, 상대의 공격이 들어오는 순간, 방어 타이밍을 잘 잡아야 한다. 만약 반응이 늦으면, 상대의 펀치가 양팔 사이를 뚫고 들어올 것이다.

안전성 : 보통 / 기술 난이도 : 쉬움 / 반격 가능 여부 : 보통 /
체력 소모 : 적음

어퍼컷 방어 기술 1위는 스웨잉이다.

상대가 어퍼컷으로 공격할 경우, 양손을 턱에 붙인 채 상체를 뒤로 젖히면서 피하는 것이다. 상체를 뒤로 젖힐 때는 허리를 이용해 앞뒤로 움직이는 것보다 옆구리를 이용해 상체를 비스듬히 앞뒤로 움직이는 것이 좋다. 스웨잉은 양손을 턱에 붙임으로써 커버링과 비슷한 효과를 낼 수 있으며, 다리를 움직이지는 않지만 상체를 뒤로 젖힘으로써 백 스텝의 효과도 기대할 수 있다. 또한 뒤로 젖혀졌던 상체를 다시 올리면서 동시에 카운터 펀치로 반격하기도 쉽다. 단점은 뛰어난 반사 신경이 필요하다는 점이다. 상대의 어퍼컷 공격이 나오는 순간 빠르게 상체를 뒤로 젖혔다가 다시 올려야 하기 때문이다.

안전성: 좋음 / 기술 난이도: 어려움 / 반격 가능 여부: 쉬움 /
체력 소모: 적음

시크릿 복싱 교본

# 클린치로 허리 감아
# 위치 바꾸기

경기 중 링 줄을 등지게 되거나 코너에 몰렸을 때는 빨리 그곳을 벗어나 링 중앙으로 이동해야 한다. 반대로 상대를 링 줄이나 코너에 몰아넣을 수 있다면, 이는 자신에게 유리한 상황이 될 것이다. 즉 링 줄을 등지고 서 있거나 코너에 몰렸을 때 클린치를 이용해 상대와의 위치를 바꿀 수 있다면, 이는 매우 유용한 기술이 될 것이다. 이것이 바로 클린치로 허리 감아 위치 바꾸기 기술이다. 상대와의 위치가 바뀐 뒤에는 위치적 우위를 활용하여 적극적으로 공격을 전개해 나가도록 한다. 클린치로 허리 감아 위치 바꾸기 기술은 난이도가 높지 않아 초보자들도 쉽게 따라 할 수 있다.

클린치로 허리 감아 위치 바꾸기 기술을 하는 순서는 아래와 같다.

① 링 줄을 등지고 서있거나 코너에 몰렸을 때, 상대에게 클린치를 시도한다.
② 클린치한 상태에서 오른쪽으로 머리와 몸을 기울이고, 오른손은 힘을 뺀다.
③ 왼손을 상대의 옆구리 쪽에 붙인 상태에서 힘을 주어 옆으로 밀

면서 그 힘을 이용해 왼쪽으로 돌며 점프한다. 이때 왼손은 자신과 상대의 몸을 밀어 돌리는 지렛대 역할을 한다.

④ 서로의 위치가 바뀌게 된다.

# 제11장

# 다양한 전략, 전술

사람마다 선호하는 기술과 추구하는 복싱 스타일이 다르며, 기술 수준 또한 제각각이다. 그럼에도 불구하고 몇 가지 공통된 현상이 존재하는데, 이를 바탕으로 자신에게 유리한 방향으로 이끌어 가는 방법을 찾는 과정을 전략과 전술이라고 부른다.

　전략과 전술은 손자병법에서 유래한 군사용어로, 전략은 계획을, 전술은 기술을 의미한다. 다양하고 개성 있는 상대를 효과적으로 제압하기 위해서는 그에 맞는 전략과 전술을 사용해야 하며, 이를 통해 상대와의 대결에서 우위를 점할 수 있다.

# 사우스포 공략법

대부분의 사람들은 오른손잡이를 뜻하는 오서독스 자세를 취한다. 따라서, 오서독스끼리의 대결은 흔하고 익숙하지만, 상대가 왼손잡이를 뜻하는 사우스포일 경우에는 익숙하지 않은 상황이 되어 불편함과 생소함을 느끼게 된다. 하지만 몇 가지 전략과 전술을 통해 이러한 점을 극복할 수 있으므로, 사우스포를 상대할 때는 이를 잘 활용하는 것이 중요하다.

익숙하지 않은 사우스포를 효과적으로 공략하기 위한 전략과 전술은 아래와 같다.

첫째, 앞손 싸움은 패링으로 제압한다.

오서독스와 사우스포는 서로의 앞손이 일직선상에 놓이며, 이에 따라 서로의 앞손이 가까운 거리에서 계속해서 부딪히게 된다. 부딪히는 앞손을 패링으로 쳐 내는 것은 사우스포를 상대하는 가장 기본적인 대응 방법이다. 패링을 이용해 상대의 앞손을 자신의 앞손으로 계속해서 안쪽으로 쳐 낸다면, 상대는 공격 타이밍을 쉽게 잡지 못하고, 몸의 균형도 잃게 될 것이다.

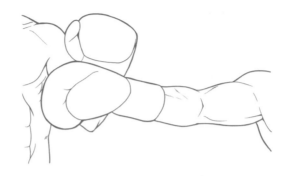

**사우스포의 앞손을 괴롭혀야 한다.**

둘째, 자신의 앞발을 상대의 앞발 바깥쪽에 둔다.

사우스포와 마주 보고 서 있을 때는 자신의 앞발을 상대의 앞발 바깥쪽에 두어야 한다. 이렇게 하면 왼쪽으로 움직일 때 제약이 없어져 공간을 더욱 자유롭고 넓게 사용할 수 있다. 반면, 상대의 앞발은 내 앞발의 안쪽에 들어와 있으므로 움직임에 제약이 생길 것이다. 발을 바깥쪽에 둠으로써, 자유로운 공격과 후퇴가 가능해진다.

또 한 가지 중요한 점은, 앞발을 바깥쪽에 두어야 오른손 타격이 원활히 이루어질 수 있다는 것이다. 만약 상대의 발 안쪽에 내 발이 놓이게 된다면, 상대는 자신의 왼쪽에 있는 셈이 되므로, 오른손의 타격 범위에서 멀어지게 된다. 이로 인해 오른손으로 하는 공격이 원활히 이루어지지 않을 것이다. 하지만 상황이 여의찮아 상대의 앞발 안쪽에 내 앞발이 놓인 상태에서 먼저 공격을 시도하게 되었을 때는, 공격을 피하려고 내 왼쪽 방향으로 이동하는 상대를 놓치지 않기 위해 왼쪽으로 도는 피벗을 활용해야 한다. 앞발과 뒷발을 축

시크릿 복싱 교본

으로 하는 피벗 모두 사용할 수 있으며, 뒷발을 축으로 하는 피벗을 사용하면, 자신의 왼쪽으로 이동하는 상대를 더 효과적으로 따라잡을 수 있다.

피벗으로 상대를 따라잡고 공격하는 방법 외에도, 상대의 발 안쪽에 있는 상태에서 공격해 들어갔을 경우에는 펀치 스피드를 빠르게 하여 오른손 타격의 명중률을 높일 수 있다.

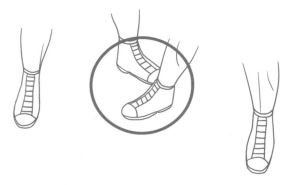

**자신의 앞발을 사우스포 앞발의 바깥쪽에 두는 것이 유리하다.**

셋째, 바깥쪽에서 들어가는 잽으로 상대를 타격할 수 있다.

사우스포와 마주 선 뒤, 서로 왼쪽으로 돌고 있는 상황에서는 각자의 뒷손이 상대방과 점점 멀어지게 된다. 반면, 앞손 쪽은 서로의 측면을 빈틈으로 보여 주게 될 것이다. 왼쪽으로 돌다 보면 사우스포인 상대의 오른쪽 측면이 가깝게 보인다는 뜻이다. 이 점을 이용하여 상대에게 점프 스텝으로 접근하는 동시에 왼손으로는 상대의 오른쪽 턱을 내려찍듯이 타격할 수 있다. 이때 왼손의 궤적은 반원을 그리며 상대의 오른쪽 턱을 위에서 아래로 내려찍듯이 치는 것이 효과적이다. 즉, 점프 후 내려오는 순간에 상대의 오른쪽 턱을 내려찍듯이 왼손으로 타격하는 것이다. 상대에게 점프로 다가가며 직선으로 타격하면 잽이 되고, 아래로 많이 내려서 찍어 치듯이 타격하면 왼손 스매싱 블로가 된다. 상황에 따라 어떤 방식으로 타격하든 상관없다.

**점프로 들어가면서 아래로 내려찍듯이 친다.**

넷째, 오른손 스트레이트를 길게 뻗는다.

사우스포와 마주 서면 서로의 앞손은 일직선상에 놓이게 되며, 이로 인해 앞손끼리 계속해서 부딪히며 간섭을 주고받게 된다. 반면, 뒷손은 앞쪽 공간의 제약이 없으므로 자유롭게 움직일 수 있다. 이

시크릿 복싱 교본

러한 특성 때문에 사우스포들의 주된 공격 루트는 뒷손 길게 뻗기인 경우가 많다. 반대로 생각해 보면, 오서독스 또한 이러한 특성을 고려하여 오른손을 길게 뻗는 기술을 숙달시킨다면, 이는 매우 효과적인 공격 루트가 될 수 있다는 뜻이다. 서로의 몸이 비스듬히 마주 보고 있는 상태이므로 오른손을 평소보다 더 길게 뻗어 주어야 하며, 길게 뻗어 공격한 후, 펀치를 회수하는 동시에 안전을 위해 오른쪽으로 위빙하며 도망갈 수도 있다. 이때의 위빙은 복싱 방어 기술 편에서 언급했던 '다리를 움직이며 이동하는 위빙'이다.

**오른손을 길게 뻗는다.**

# 아웃복서 공략법

    다양한 개성을 지닌 상대를 효과적으로 공략하기 위해서는 그들이 선호하는 복싱 스타일이 무엇인지, 그 스타일의 장단점은 무엇인지, 그리고 어떤 특별한 개성을 지녔는지 등을 빠르게 파악해야 한다.

    아웃복서 스타일은 개성이 뚜렷하고, 장단점 또한 명확하다. 일반적으로 아웃복서는 상대와의 접근전을 꺼리며, 원거리에서 빠른 스텝을 이용해 치고 빠지는 것을 선호한다. 이러한 이유로 아웃복서 스타일은 공격과 방어 모두에서 스텝의 비중이 매우 크다.

    빠른 발을 가진 아웃복서 스타일을 효과적으로 공략하기 위한 전략과 전술은 아래와 같다.

    첫째, 상체를 좌우로 많이 흔들며 접근하도록 한다.

    아웃복서가 가장 싫어하는 상황은 상대가 자신에게 가까이 붙는 것이다. 이를 막기 위해 아웃복서는 잽과 스트레이트를 계속해서 던지며 상대의 접근을 필사적으로 막으려 들 것이다. 이러한 아웃복서에게 정직하게 직진으로만 접근하려 한다면, 아무리 맷집이 강한 사람이라도 한계에 부딪힐 수밖에 없다. 따라서 아웃복서를 공략하기 위해서는 대미지를 최소화하며 상대에게 접근할 수 있는 방법을 찾

시크릿 복싱 교본

아야 한다. 상체를 좌우로 많이 흔들어 타점을 빗나가게 한 후 접근
하는 방식은 아웃복서를 상대하는 가장 기본적인 공략 방법이다.

둘째, 상대를 쫓아갈 때는 횡으로 움직인다.
빠른 발을 가진 아웃복서를 따라잡기 위해서는 사각 링의 특성을
이해할 필요가 있다. 링은 사각으로 막혀 있기 때문에 상대로부터
도망가고자 할 때 단순히 뒤로 물러나는 방식만을 고집해서는 안 된
다. 뒤로만 물러나다 보면 결국 링 줄에 막혀 더 이상 도망갈 수 없
게 될 것이다. 그래서 상대의 접근을 꺼리는 아웃복서들은 링 안에
서 원을 그리며 움직이게 되는데, 이때 빠른 발을 가진 아웃복서의
동선을 뒤쫓아다니며 따라잡으려고만 한다면, 스피드와 스텝 기술
의 차이로 인해 접근 자체가 어려워질 것이다. 이러한 이유로 아웃
복서를 따라잡기 위해서는 상대의 동선을 따라다니는 방식이 아닌
길목을 막는 방식을 사용해야 한다. 사각의 링을 재단하듯이 횡으로
움직이는 방법을 사용한다면, 아웃복서의 도망 다니는 경로를 쉽게
차단할 수 있을 것이다.

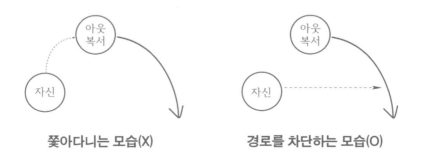

**쫓아다니는 모습(X)**       **경로를 차단하는 모습(O)**

셋째, 접근에 성공한 후에는 연타 공격을 최대한 길게 한다.

아웃복서는 코너에 몰리거나 공격을 받으면 자신의 특기인 스텝이나 클린치를 활용해 그 상황을 벗어나려 할 것이다. 이때 가장 효과적인 방법은 상대에게 그런 기회를 주지 않는 것이다. 주먹을 계속해서 연타로 뻗어 공격을 길게 이어 가는 것은 아웃복서에게 도망갈 수 있는 기회를 주지 않는 가장 좋은 방법이다.

접근에 성공했음에도 불구하고 잠깐 공격한 후 습관적으로 뒤로 물러나지 않도록 주의해야 한다. 많은 사람들이 공격 후 재정비나 휴식을 위해 습관적으로 뒤로 물러나는 경향이 있다.

# 인파이터 공략법

인파이터의 가장 큰 특징은 상대에게 접근하는 것을 목표로 한다는 것이다. 따라서 인파이터를 공략하는 가장 기본적인 방법은 바로 접근을 하지 못하게 만드는 것이다. 상대가 원하는 것을 하지 못하게 만드는 것이 가장 효과적인 전략이 될 수 있다.

끊임없이 다가오는 인파이터 스타일을 효과적으로 공략하기 위한 전략과 전술은 아래와 같다.

첫째, 인파이터의 접근을 막기 위해 잽을 많이 뻗는다.

잽을 할 때는 단순히 인파이터와의 거리를 벌리기 위한 것이 아닌 다양한 목적의 잽을 구사할 줄 알아야 한다. 잽으로 강하게 타격하거나, 뒤로 밀어내거나, 시야를 가리는 등의 다양한 목적의 잽을 사용해 인파이터의 접근을 막아야 한다. 인파이터들에게 가장 성가시고 귀찮은 존재가 바로 잽인 것이다.

허리 회전 잽을 사용해 파워를 높일 수 있고, 팔의 각도를 상대의 눈 쪽으로 비스듬히 올려서 다가오는 인파이터의 시선을 가릴 수 있다. 이렇게 기본 잽과 허리 회전 잽을 적절히 섞어서 사용한다면 인파이터의 접근을 효과적으로 막을 수 있을 것이다.

둘째, 인파이터에게 접근을 허용했을 때는 오른손 어퍼컷을 활용한다.

링에서 도망만 다니는 데에는 한계가 있다. 따라서 인파이터에게 접근을 허용하게 되는 상황이 자주 발생하게 된다. 이때 왼손은 이미 많은 잽을 사용해 피로가 누적됐을 수 있고, 상대와의 거리가 다시 벌어졌을 때도 계속 사용해야 하므로, 상대적으로 덜 사용했고, 파워가 강한 오른손을 사용하여 대응하는 것이 좋다. 오른손은 왼손보다 뒤쪽에 있으므로, 가까이 접근한 상대를 공격하기에도 적합하다. 그중에서도 특히 접근전에 효과적인 어퍼컷을 사용하는 것이 좋으며, 이를 통해 접근에 성공해도 또 다른 강력한 무기가 있다는 것을 상대방에게 인식시킬 수 있다. 어퍼컷으로 공격한 후에는 다시 거리를 벌리도록 노력해야 한다.

셋째, 왼손 롱훅으로 다가오는 인파이터의 경로를 이탈하게 만든다.

잽과 스트레이트만으로도 상대의 전진을 어느 정도는 막아 낼 수 있지만, 이 방법만으로는 계속해서 다가오는 상대를 완전히 막아 내기는 어렵다. 잽과 스트레이트가 다가오는 상대의 경로를 막기 위한 용도라면, 왼손 롱훅은 다가오는 상대의 경로를 이탈하게 만드는 용도이다. 안전을 위해 먼 거리에서도 효과적으로 사용할 수 있는 롱훅을 사용하는 것이 좋다. 왼손 롱훅을 사용하여 상대를 옆으로 밀쳐 내거나, 공격하는 자신의 왼팔을 지렛대처럼 활용해 상대를 오른쪽으로 밀듯이 타격하면서 그 힘을 이용해 자신은 왼쪽으로 이동할 수도 있다. 즉, 상대를 왼손 롱훅으로 타격하는 순간, 상대는 오른쪽으로 밀려날 것이며, 왼손 롱훅을 돌리는 힘을 이용해 자신은 왼쪽으로 이동한다는 의미이다.

넷째, 한 방향으로만 움직이지 않는다.

상대에게 접근하는 것을 목표로 하는 인파이터를 상대할 때, 어느 쪽으로 움직일지를 예상할 수 있게 해서는 안 된다. 만약 인파이터가 내 움직임을 예상할 수 있다면, 쫓아오는 속도는 훨씬 더 빨라질 것이다. 따라서 인파이터를 피해 움직일 때는 왼쪽, 오른쪽, 뒤쪽을 계속해서 섞어 주며 움직이도록 한다. 여기에 움직이는 방향을 속이는 페인트 동작까지 추가한다면 인파이터는 더욱 혼란스러워할 것이다. 만약, 자신이 가고자 하는 방향으로 상대가 미리 움직이거나 이미 가 있다면, 이는 상대가 나의 움직이는 패턴을 이미 눈치챈 것이므로, 이럴 때는 일정 시간 동안만이라도 페인트 동작을 많이 섞어 가며 일부러 더 여러 방향으로 움직이도록 노력해야 한다.

다섯째, 클린치를 적절히 활용한다.

인파이터에게 접근을 허용했다면, 이는 위험한 상황에 놓이게 된 것이다. 접근을 허용한 뒤에는 어쩔 수 없이 인파이터와 공격을 주고받는 난타전을 할 수도 있지만, 이는 상대에게 유리한 상황이 되므로, 클린치를 이용해 안전하게 붙었다가 다시 거리를 벌리도록 해야 한다. 또한, 클린치를 통해 인파이터의 체력을 소모시키는 효과도 기대할 수 있다. 이와 유사하게, 인파이터와 자신과의 거리를 최대한 좁혀서 가깝게 만들어 인파이터에게 공격할 공간을 내주지 않는 것도 하나의 좋은 방법이 될 수 있다.

시크릿 복싱 교본

# 키 큰 상대 공략법

　키가 큰 상대들은 몇 가지 특징을 가지고 있다. 그들은 긴 팔다리를 활용해 거리를 벌리거나 좁히는 능력이 뛰어나며, 앞손을 자주 사용하는 경향이 있다. 이러한 상대에게도 불리한 점은 존재하는데, 긴 팔다리로 인해 움직임이 커지고, 그에 따라 피로감이 빨리 찾아온다는 것이다. 또한, 큰 키로 인해 자신보다 작은 상대에게 복부가 더 많이 노출된다.

　긴 리치를 가진 키 큰 상대를 효과적으로 공략하기 위한 전략과 전술은 아래와 같다.

　첫째, 평소보다 가드를 높게 올린다.

　키가 큰 상대와 마주했을 때는 대부분의 공격이 이마나 눈썹 쪽으로 들어올 것이다. 상대의 공격이 들어올 때마다 방어를 하기 위해 팔을 계속 올렸다 내렸다 한다면, 체력 소모가 커질 뿐만 아니라 리듬도 깨질 수 있다. 따라서 가드 하는 팔을 평소보다 조금 더 높게 위치시켜 위쪽에서 오는 공격에 대한 1차 방어선을 만들도록 해야 한다. 이때 팔을 지나치게 높게 올릴 필요는 없으며, 차라리 턱을 숙여서 자연스럽게 가드가 위로 올라가도록 하는 것이 더 효과적이다.

둘째, 다양한 스텝을 이용해 접근하도록 한다.

키가 큰 상대를 공격하기 위해서는 상대에게 접근하는 방법 외에는 특별한 대안이 없다. 앞이나 좌우로 빠르게 움직여 상대의 펀치가 빗나가도록 만들고, 그 틈을 이용해 접근을 시도해야 한다. 또 다른 방법은, 키가 큰 상대가 공격 후 팔을 회수하는 타이밍에 빠른 스텝으로 따라 들어가는 것이다. 빠른 스텝을 사용하여 접근한 뒤에는 상대가 방어 자세를 취하기 전에 공격을 시도하는 것이 중요하다.

셋째, 상대의 바디를 집중적으로 공격한다.

키가 큰 상대에게 접근한 뒤에는 얼굴 쪽 타격만을 고집해서는 안 된다. 상대가 상체를 조금만 뒤로 젖혀도 타격이 닿지 않을 수 있고, 얼굴 쪽을 타격하기 위해 아래에서 비스듬히 올려 치는 펀치는 상대의 팔이나 주먹에 쉽게 막히기 때문이다. 하지만 키 큰 상대의 바디 부분은 키 작은 상대에게 더 쉽게 노출되며, 팔을 뻗어 공격하기도 쉬우므로, 바디 공격의 비중을 높이는 것이 좋다. 바디 공격의 범위는 단순히 옆구리와 명치에 그치지 말고, 가슴 부위까지도 포함해야 한다.

넷째, 접근 후 연타 공격은 필수이다.

키가 큰 상대에게 접근하기란 쉬운 일이 아니다. 상대의 잽을 피하면서 들어가야 하고, 움직임도 따라잡아야만 가능한 일이다. 이러한 어려움을 극복하고 상대에게 접근한 뒤에는 반드시 연타 공격을 하여 대미지를 입히고, 몸의 균형도 잃게 만들어야 한다. 어렵게 얻은 접근 기회를 놓치지 않도록 주의해야 한다. 이렇게 접근한 후에 키가 큰 상대를 효과적으로 타격하는 방법은 바디 공격과 오버핸드 라이트 공격이다.

# 돌진하는 상대 공략법

힘을 기반으로 난타전을 즐기며, 빠른 승부를 결정짓길 원하는 '돌진하는 상대를 어떻게 대응해야 하는가?'는 많은 이들의 고민거리일 것이다. 돌진하는 상대로 인해 당황하거나 혼란스러워져서 제 실력을 발휘하지 못하는 경우가 종종 발생하기도 한다.

생활체육 복싱대회에서도 자주 보이는 돌진하는 상대를 효과적으로 공략하기 위한 전략과 전술은 아래와 같다.

첫째, 뒤로 피하지 않고 옆으로 피한다.

앞으로 돌진하며 달려오는 상대를 뒷걸음질로만 피하려 한다면, 상대에게 금방 따라잡힐 것이다. 따라서 앞으로 돌진하는 상대에게는 투우사가 소를 피하듯이 옆으로 돌면서 피하는 것이 바람직하다. 상대를 피한 뒤에는 거리를 더 벌리거나 균형을 잃은 상대의 측면을 공격할 수 있다.

둘째, 마음의 안정을 갖는다.

상대가 돌진해 온다고 해서 자신도 같이 흥분하여 움직이다 보면, 체력이 많이 소모되고 리듬도 깨지게 된다. 상대의 리듬에 맞춰 움

시크릿 복싱 교본

직여 줄 필요가 없는 것이다. 급하고 부산한 상대의 움직임은 상대의 것일 뿐이므로, 당황하지 말고 자신의 리듬과 패턴을 유지하며 대응하도록 한다.

셋째, 잽으로 상대를 지치게 만들어야 한다.

돌진하는 상대를 피해 언제까지나 계속해서 도망만 다닐 수는 없다. 언젠가는 상대에게 따라잡히거나 코너에 몰리게 될 것이다. 그렇다고 매번 상대의 전략에 맞춰 상대가 원하는 난타전을 할 수도 없는 노릇이다. 이럴 때 가장 유용한 펀치가 바로 잽이다. 만약 빠르게 돌진하는 상대가 돌진하는 도중에 잽을 맞게 된다면, 이는 단순한 잽이 아닌 왼손 스트레이트가 될 수도 있기 때문이다. 가만히 서 있는 상대에게 맞히는 잽과 달려드는 상대에게 맞히는 잽은 대미지의 차이가 매우 크다. 초반에는 잽으로 상대의 접근을 막고, 체력 소모를 파악한 후, 점점 더 과감한 공격을 해 나가는 것이 좋다.

# 카운터 공격을 잘하는 상대 공략법

    상대의 펀치를 피한 후, 가드가 허술해진 틈을 노려 반격을 가하는 카운터 펀치는 복싱의 꽃이라고도 불린다. 그만큼 화려하고 다양하며 강한 위력을 가진 공격 기술인 것이다. 초보 때 배우는 원투슥빡의 '슥빡'이 바로 이 카운터 펀치를 의미하는 것이다.

    강한 위력을 가진 카운터 공격을 잘 하는 상대를 효과적으로 공략하기 위한 전략과 전술은 아래와 같다.

    첫째, 더블 잽을 많이 사용한다.

    카운터 공격을 선호하는 상대는 카운터로 반격을 하기 위해 선제 공격을 기다리는 경우가 많다. 강력한 카운터 펀치를 내기 위해 미리 마음의 준비를 하고 있을 수도 있고, 이미 머릿속에는 공격을 받으면 어떤 펀치로 어떻게 반격할지에 대한 계획이 세워져 있는 경우도 있다. 이러한 상황에서 더블 잽을 적극적으로 사용한다면, 카운터 공격을 선호하는 상대의 계획과 리듬을 무너뜨릴 수 있을 것이다. 게다가, 상대가 카운터 펀치로 반격을 시도하다가 더블 잽의 두 번째 잽에 의해 카운터 공격의 길이 막히고, 오히려 대미지를 입게 될 것이다. 만약 상대가 더블 잽을 여러 번 경험하게 된다면, 카운터 펀치를 사용할 적절한 타이밍을 찾기도 어려워할 것이다.

둘째, 머리와 상체를 계속해서 움직여야 한다.

카운터 공격을 잘하는 상대는 일반적으로 상대방이 먼저 공격하는 것을 선호한다고 언급한 바 있다. 이 외에도 한 가지 더 선호하는 스타일이 있는데, 그것은 바로 움직임이 적은 상대이다. 카운터 공격을 잘 하는 선수는 움직임이 적은 상대에게 기습적인 단타성 공격을 가하여 리듬과 중심을 무너뜨리는 것을 좋아한다. 상대의 빈틈이 보이거나 움직임이 멈추는 순간, 짧고 강력한 기습 공격을 가하는 것이다. 펀치를 뻗는 순간, 가까이 다가가는 순간, 움직임이 멈추는 순간 등, 빈틈이 보이는 순간을 기다렸다가 마치 카운터 공격을 하듯이 중심을 무너뜨리는 펀치를 뻗는 것이다. 이러한 펀치를 맞지 않기 위해서는 머리와 상체를 계속해서 불규칙적으로 빠르게 움직여 주어야 한다. 이것은 마치 저격수의 총알을 피하기 위해서는 이리저리 움직여야 하는 것과 같은 이치이다.

셋째, 페인트 동작으로 상대를 속여야 한다.

카운터 공격이란 쉽게 말하면 상대의 움직임에 반응하고 대응하는 공격 기술을 의미한다. 상대의 움직임에 민감하게 반응한다는 특성을 이용하여, 카운터를 즐겨 쓰는 상대를 혼란스럽게 만들어야 한다. 이를 위해서는 페인트 동작으로 속이는 것이 가장 효과적이다. 페인트 동작을 자주 사용하여 상대의 반응을 끌어낼 수 있다면, 이

것은 마치 거짓말을 재미로 하다 동네 사람들의 반응이 없어져 모든 양을 늑대에게 잃어버린 양치기 소년처럼 결국에는 카운터를 뻗기 위한 반응이 느려지거나 없어지게 될 것이다. 그 뒤에는 자신의 페이스대로 공격을 시도하면 된다.

# 하드 펀처 공략법

하드 펀처란 펀치력이 매우 강한 선수를 의미한다. 대표적인 선수로는 어니 셰이버스, 조지 포먼, 디온테이 와일더, 저본타 데이비스, 장지레이 등이 있다.

흔히, 핵주먹, 돌주먹이라고 불리는 하드 펀처를 효과적으로 공략하기 위한 전략과 전술은 아래와 같다.

첫째, 초반에는 견제를 통해 힘을 빼놓는다.

하드 펀처는 주먹 한 방 한 방이 매우 강력하기 때문에, 경기 초반에 힘이 남아 있을 때는 특히 더 조심스럽게 경기를 풀어 가야 한다. 이를 위해서는 상대가 쉽게 다가오지 못하도록 잽을 많이 내며 견제하는 방식이 가장 효과적이다. 잽을 많이 뻗어 상대가 다가오는 시간을 최대한 지연시켜야 한다.

둘째, 거리를 따라 잡혔을 때는 상대에게 몸을 밀착시킨다.

접근하려는 상대를 잽 하나만으로 막는 데는 한계가 있다. 그래서 상대와의 거리가 가까워졌을 때는 오히려 몸을 상대에게 밀착시켜 더티 복싱과 같은 근접 기술을 활용하는 것이 더 효과적이다. 가드를 탄탄히 한 후, 몸을 상대방과 최대한 밀착시키는 것이 안전하며, 기회가 생기면 다시 거리를 벌려 상대의 힘이 빠질 때까지 치고 빠지기 공격을 반복하며 견제하도록 한다. 참고로, 인파이터는 근거리, 하드 펀처는 중거리를 선호한다.

셋째, 상대가 지쳤을 때는 바디 쪽을 공략한다.

상대의 숨소리가 거칠어졌다면, 바디 공격의 비중을 높이도록 한다. 힘을 주어 크게 휘두르는 펀치를 자주 사용하는 하드 펀처는 라운드가 진행될수록 체력이 떨어지고 호흡이 거칠어지는 경우가 많다. 이때, 바디 쪽을 공략한다면 거칠어진 호흡으로 인해 다운까지도 만들어 낼 수 있다.

# 제12장

# 복싱 반칙의 종류

1. 벨트라인 아래를 타격하는 로 블로(low blow)
2. 다운 중, 또는 다운된 후 일어서려는 상대방을 타격하는 행위
3. 클린치를 계속해서 하는 행위
4. 머리, 어깨, 무릎, 팔꿈치로 상대방을 타격하거나 부딪치는 행위
5. 목을 조르거나 어깨 또는 팔꿈치로 상대방의 얼굴을 압박하는 행위
6. 클린치 후 상대 선수를 던지거나 잡아당긴 후 쓰러뜨리는 등의 씨름 행위
7. 글러브의 손바닥 부분, 또는 팔목 부분이나 측면으로 타격하는 행위
8. 상대방의 뒤통수를 타격하는 래빗 펀치(rabbit punch)
9. 글러브의 엄지 부분으로 눈을 찌르는 서밍(thumbing) 행위
10. 펀치를 맞지 않았음에도 고의로 다운되는 행위
11. 로프를 잡고 타격하거나 로프의 반동을 이용하는 행위
12. 브레이크 중에 타격하거나 라운드 종료 공이 울린 후에도 타격하는 행위
13. 마우스피스를 고의로 뱉는 행위

시크릿 복싱 교본

14. 상대의 벨트라인 아래로 위험하게 더킹하는 행위
15. 경기 중 상대 선수나 주심에게 모욕적 혹은 공격적 언행을 하는 행위
16. 상대 등 뒤의 신장(腎臟) 부위를 타격하는 키드니 블로(kidney blow)

# 시크릿
# 복싱 교본

ⓒ 장석훈, 2025

초판 1쇄 발행 2025년 4월 25일
    2쇄 발행 2025년 6월 20일

지은이    장석훈
펴낸이    이기봉
편집      좋은땅 편집팀
펴낸곳    도서출판 좋은땅
주소      서울특별시 마포구 양화로12길 26 지월드빌딩 (서교동 395-7)
전화      02)374-8616~7
팩스      02)374-8614
이메일    gworldbook@naver.com
홈페이지  www.g-world.co.kr

ISBN   979-11-388-4205-1 (03690)